HELENO ROTAY

Palavra Amiga

1ª edição

Editora Ideia Jurídica

PALAVRA AMIGA
COPYRIGHT© EDITORA IDEIA JURÍDICA LTDA.

Editor: *Cláudio Luiz Brandão José*
Capa e diagramação: *Rogério Mota*
Revisão: *Leonardo Portela*
1ª edição *2014*
Impresso no Brasil *Printed in Brazil*

Eij

Editora Ideia Jurídica Ltda.
www.editoraeij.com.br
editorial@editoraeij.com.br
Tel. (21) 3437-3400 / 3437-4400

DADOS INTERNACIONAIS PARA CATALOGAÇÃO NA PUBLICAÇÃO (CIP)

H825p

Palavra amiga / [organizado por:] Heleno Rotay. - 1. ed. - Rio de Janeiro : Ideia Jurídica, 2015.
151 p. ; 21 cm.

ISBN 978-85-87873-52-1

1. Famílias com problemas. 2. Relações humanas - Estudo de casos. 3. Palavra Amiga (Programa de rádio). I. Rotay, Heleno.

CDD- 158.24

JOSÉ CARLOS DOS SANTOS MACEDO – BIBLIOTECÁRIO CRB7 N.3575

Sumário

Quero agradecer pela força e incentivo para a realização do projeto do livro, a minha esposa, Regina Rotay, a minha amiga e produtora do "Show do Heleno Rotay", Renata Henriques, todos os meus companheiros de trabalho, familiares e amigos.

PREFÁCIO

Há 25 anos como diretor das rádios Tupi e Nativa, eu, Alfredo Raymundo Filho, testemunho há 16 anos a trajetória brilhante do comunicador Heleno Rotay - seus 9 anos de atuação na Nativa FM e os atuais 7 anos na Super Rádio Tupi.

Seu programa - de segunda-feira à sexta-feira e aos domingos - possui um quadro de enorme sucesso: *Palavra Amiga*, cuja proposta bem-sucedida é unir depoimentos e histórias reais e o atendimento aos ouvintes à participação popular através dos mais diversos meios de comunicação, realizando, muito além de um programa de rádio, um canal de diálogo entre comunicador e ouvintes. Numa verdadeira interação familiar, as opiniões do público são expostas a fim de auxiliar àqueles que, no momento, careçam de uma *Palavra Amiga*. Estimulando a reflexão, o programa propicia o esclarecimento e a compreensão dos desafios e dilemas cotidianos, resultando em ações positivas para a vida.

Alfredo Raymundo Filho

Diretor vice-presidente executivo dos *Diários Associados*

1 NOIVADO REVELADOR

Bom dia, Heleno, e um bom domingo a todos da família Tupi. Eu aprendi com os meus pais a ouvir a Rádio Tupi, e adoro a programação, em especial o seu programa. Gostaria que você me chamasse de Luana. Estou muito confusa, triste e indecisa, por isso resolvi escrever. Preciso muito dar um novo rumo à minha vida, e preciso muito ouvir uma Palavra Amiga.

Heleno, tenho 25 anos, sou formada e ainda moro com os meus pais. Fiquei noiva há apenas dois meses, e aí começaram todos os meus problemas. Meus irmãos e eu fomos criados seguindo as orientações da nossa família, sempre fomos obedientes. Na minha opinião, os pais sempre querem o melhor para os seus filhos. Exemplo disso são os meus irmãos que seguindo os conselhos dos nossos pais estudaram, seguem a profissão que escolheram e são bem resolvidos na vida.

Meu noivo tem 26 anos, trabalhador, responsável, mora com a mãe, uma mulher muito bonita que não aparenta os 47 anos que tem. O meu noivo é filho único. Minha família o adora e eu o amo muito; depois dos meus pais, ele é o que tenho de mais importante na vida. Mas, ultimamente, um problema grave tem me tirado o sono, a paz e a tranquilidade, e eu não sei mais o que fazer ou qual caminho seguir.

Nós namorávamos há quase um ano, quando ele me pediu em casamento. Sabendo que deveríamos fazer tudo conforme a tradição, decidimos falar com os meus pais e marcar a data do noivado. A mãe do meu noivo ficou muito feliz, pois ela me tratava com uma verdadeira filha e, junto com a minha família, fizeram os preparativos para o nosso noivado. Alugaram um salão de festas, contrataram um bufê, tudo estava perfeito e nós felizes.

No dia do nosso noivado, a minha família estava toda reunida, meus pais, meus irmãos, meus avós, algumas tias, primos, enfim, todos sendo testemunhas da minha felicidade. A família do meu noivo é bem pequena, só estavam presentes a minha sogra e uma irmã dela. Trocamos alianças, e tudo estava lindo, mas de repente, sem mais nem menos, minha sogra pegou o microfone e disse que gostaria de fazer uma revelação. Ela se dirigiu para um palco improvisado e lá começou a dizer que estava muito feliz com esse noivado, porém, não achava correto esconder algo que lá no futuro poderia pesar negativamente em nossas vidas. E sem cerimônia nenhuma começou a dizer que na verdade ela se sustentava através da sua profissão de mulher de programa, e que o pai do meu noivo poderia ter sido qualquer cliente dela. Ela disse que resolveu contar toda a verdade antes do casamento para lá na frente as pessoas não se sentissem enganadas, e que caso viessem a descobrir, não gostaria que isso abalasse o nosso relacionamento. Na hora achei que era brincadeira, mas depois percebi que ela não estava mentindo. No começo do nosso namoro, ela me dizia que era secretária e o pai do meu noivo morava em outro país, que eles não tinham muito contato. Heleno, meus pais, meus avós, enfim, meus familiares ficaram passados, horrorizados com essa revelação. Meus pais me olhavam fixamente e aos poucos a minha família foi se retirando do local e indo embora. Questionei o meu noivo e ele me disse que sabia de tudo, mas não tinha coragem de me contar com medo de me perder. Ele sabia que a mãe dele ia me contar, só não sabia que seria daquela maneira. Fui imediatamente para casa e os meus pais querem que eu termine esse noivado que mal começou. Dizem que a minha sogra será uma péssima influência para os meus futuros filhos. Minha família praticamente exigiu o fim desse relacionamento. Nesse meio-tempo tenho evitado falar e estar com meu noivo. Percebi que se insistir nesse relacionamento, perderei a minha família. Não sei o que fazer, pois amo demais o meu noivo. Por isso, resolvi escrever. Preciso muito ouvir uma Palavra Amiga.

RESUMO: *Luana decidiu romper o noivado a pedido da família.*

2 IRMÃ INDECISA

Bom dia, Heleno. Sou ouvinte a décadas da Super Rádio Tupi. Considero vocês comunicadores meus amigos de todos os dias. Pode me chamar de Lurdes. Eu tenho 52 anos, moro na Baixada Fluminense desde que nasci. Ultimamente tenho passado por um problema muito sério. Estou indecisa e confusa, pois não sei que decisão devo tomar. Escrevo para você, pois preciso ouvir uma Palavra Amiga.

A minha vida se resume ao meu irmão, que é mais novo, tem 40 anos e três lindos filhos. Há muitos anos minha mãe não resistiu a uma doença e faleceu. Meu pai ficou desesperado. Não se alimentava mais, se entregou-se à bebida e aos poucos a sua saúde foi piorando. Até que um dia, Deus o levou para perto de minha mãe. Ficamos só meu irmão, eu e um imenso vazio causado pela ausência dos nossos amados pais. A vida seguiu em frente e anos depois eu me casei. Os filhos não vinham e a cobrança do meu marido e da família dele eram enormes. Depois de anos, descobri que não podia ter filhos e o meu casamento não suportou esse fato. Nessa época meu irmão estava muito apaixonado por uma moça, e em uma linda cerimônia ambos selaram essa união. Depois do terceiro filho do meu irmão, o casamento começou a desandar, eles já não se entendiam mais e as brigas eram constantes. Minha cunhada me disse que não o amava mais, e que tudo o que ele fazia a irritava. Sendo assim, ela não via outra solução senão a separação. Só que para minha surpresa, ela não fazia questão de levar os filhos com ela; muito pelo contrário, queria ser livre, viver a própria vida sem nenhum tipo de compromisso. Sem opções, meu irmão teve que aceitar e amargar mais uma perda na vida. Muito sensibilizada com a situação, prontifiquei-me a ajudar na criação das crianças. O mais velho tinha dez anos, a do meio oito anos e o caçula tinha apenas cinco anos. Mudei-me para a casa deles e tentei ser a tia-mãe dessas crianças. No começo foi bem difícil, eles sentiam muita falta da mãe. Mas aos poucos foram se acostumando comigo. Meu irmão nunca mais quis de casar novamente, preferiu trabalhar e cuidar dos filhos. Sempre foi um homem muito responsável e cumpridor dos seus deveres.

Há um mês eu estava regando as plantas no quintal quando uma mulher veio ao meu encontro. Era a minha ex cunhada. Ela me disse que estava esperando todos sairem de casa para conversar comigo. Pedi que ela entrasse e nos sentamos. Ela disse que estava bastante arrependida com tudo que tinha acontecido, e queria muito me fazer uma revelação. Disse-me que casou com o meu irmão apenas por casar mesmo, pois na verdade era apaixonada por um outro homem, só que ele era casado. E o pior: todos os meus sobrinhos eram filhos desse homem, mais ele não sabia. Ninguém sabia. Eu fiquei chocada. Ela foi embora, mas me deu um número de telefone. Dias depois liguei para ela e marcamos um novo encontro lá em casa. Quando estávamos conversando, fomos surpreendidas pelo meu irmão, que havia voltado mais cedo do trabalho. Eles ficaram conversando, eu me retirei. Horas depois, quando voltei, eles estavam rindo e felizes. Meu irmão estava bastante inclinado em aceitá-la de volta. Pedi que ele fosse na padaria, e falei com ela a respeito dos meus sobrinhos. Ela me disse que não falou nada para ele, ficou com medo da sua reação e achou melhor deixar pra lá, até porque o homem que é o pai das crianças mora bem perto da nossa casa, e isso poderia dar muita confusão e terminar da pior maneira possível. Ela me falou que está se apaixonado pelo meu irmão, e não vai deixar ninguém estragar isso. Meu irmão e minha ex cunhada já estão saindo juntos, ela já reencontrou os filhos. E eu estou aqui sem saber o que fazer. Tenho medo de que o meu irmão acabe descobrindo tudo e fique sabendo que eu já tinha conhecimento dessa história e não contei nada. Por outro lado, todos estão muito felizes.

Amigo Heleno, minha cabeça está muito confusa. Nesse mês minha vida mudou completamente, não sei o que fazer. Escrevi, pois preciso muito ouvir um conselho, uma Palavra Amiga.

RESUMO: *A irmã decidiu não contar nada e deixar que o tempo se encarregue de esclarecer toda a verdade.*

3 FILHA INSEGURA

Bom dia, Heleno. Eu sou fã do seu programa, adoro a Rádio Tupi. Gostaria de ser chamada apenas de Mara. Ultimamente estou passando por um problema que ainda não sei como resolver, e conto com a ajuda dos amigos ouvintes. Estou bastante arrependida, triste e desesperada. Por isso, resolvi escrever, pois preciso muito ouvir uma Palavra Amiga.

Minha mãe foi criada numa família cheia de regras, e quando decidiu escolher o seu próprio marido, todos se viraram contra ela. Meus avós queriam que ela se casasse com um outro homem, mas a minha mãe resolveu ser responsável pela sua própria felicidade e não admitiu que outras pessoas escolhessem o seu destino. E assim foi; no entanto, ela pagou um preço muito caro por essa escolha. Assim que a minha mãe conheceu o meu pai, a ele se entregou, e como previsto, veio uma gravidez. Os pais da minha mãe romperam totalmente com ela. Sem muitas alternativas, minha mãe veio para o Rio de Janeiro com o meu pai, e aqui começaram uma nova vida. Depois do meu nascimento vieram outros irmãos e completaram a nossa nova família. Meu pai sempre foi um homem muito trabalhador e não deixava faltar nada para nós. Crescemos sem conhecer minha família materna, mas eles sabiam do paradeiro da minha mãe. Eu e meus irmãos nunca fizemos questão de procurá-los, tínhamos medo de ser rejeitados pelos nossos avós e tios.

Quando, porém, minha avó materna, ficou muito doente, vindo a ser desenganada pelos médicos, meu tio procurou a minha mãe e disse que já passava da hora de todos nós nos reconciliarmos. Minha mãe viajou, eu a acompanhei e vi um reencontro emocionante. Você sabe, Heleno que a minha avó até melhorou de saúde? Depois de conhecer meus avós, também conheci meus tios e primos e nossa... Como essa família é grande. Mas alguém me chamou bastante atenção: com cabelos grisalhos, 58 anos, muito charmoso, alto, bonito, meu tio não passou despercebido por mim. O fato de ter mais que o dobro da minha idade em nada atrapalhou o meu interesse por ele. Percebi que ele correspondeu aos meus olhares. Depois de algumas semanas minha mãe e eu retornamos para a nossa casa. Eu retornava ao trabalho após ter tirado férias. Meu tio veio para a nossa casa passar alguns dias, para terminar um trabalho, e foi nessa época que eu me perdi completamente nos braços dele. Eu sabia que ele era casado, tinha filhos, mas passei por cima de tudo sem pensar em nada. Deixei o amor falar mais alto. Escondidos de todos, nós nos amávamos. Minha irmã acabou descobrindo tudo e sugeriu que eu contasse aos meus pais, mas o meu tio prefere manter o nosso caso em sigilo. Para piorar a situação, descobri que estou grávida. Ele me disse que nada faltará para mim e o nosso filho, mas seria melhor que ninguém soubesse, pelo menos por enquanto, sobretudo devido à saúde da minha avó. Ele disse que tem um amigo que poderia se passar por pai dessa criança, até decidirmos o que fazer. Meus pais acabaram sabendo dessa gravidez e querem conhecer o pai do meu filho. Acho que, se eu contar toda a verdade, a família vai se romper novamente, e dessa vez, por minha causa. Minha mãe está tão feliz com essa reaproximação. Apresentar um homem para se passar por pai do meu filho, também não acho bom. Eu sei que fui muito irresponsável. Mas agora, o que eu preciso mesmo é ouvir uma Palavra Amiga.

RESUMO: *Mara optou por não contar nada para a família e deixou que o tio-amante apresentasse o amigo como o pai do futuro bebê.*

4 MÃE AFLITA

Olá, Heleno. Um bom domingo para você e todos da sua equipe. Sempre fui ouvinte da Rádio Tupi, adoro a programação e os comunicadores, mas você é o meu preferido. Gostaria de ser chamada pelo nome de Rosa. Estou passando por um problema que não consigo resolver, e tenho certeza que a Família Tupi vai me ajudar, pois preciso ouvir uma Palavra Amiga. Tenho 48 anos, sou dona de casa, casada e tenho um casal de filhos. Minha filha mais nova tem 28 anos e durante três anos foi noiva de um bom rapaz. Eles já estavam com casamento marcado e felizes quando o telefone tocou e disseram para ela ir ao hospital. O noivo da minha filha tinha subido no telhado para consertar uma telha, desequilibrou-se e caiu, levou uma forte pancada na cabeça e o pior aconteceu: depois de alguns dias no hospital ele acabou não resistindo e veio a falecer. Minha filha sofreu demais e eu junto, pois uma mãe quando vê o sofrimento dos filhos, também sofre. Depois de mais ou menos dois anos dessa fatalidade, minha filha foi reconstruindo a vida aos poucos e, nesse meio tempo, conheceu outro rapaz. Eu fiquei muito feliz, pois comecei a ver um sorriso no rosto da minha filha outra vez. Ela estava toda empolgada, animada com o novo relacionamento e amando esse rapaz, e ele demonstrava o mesmo sentimento por ela. Meu drama começou há uns três meses. Minha filha começou a se sentir mal e fomos ao médico. Os exames revelaram que minha filha precisaria de uma pequena cirurgia, coisa simples. Foram feitos novos exames para a cirurgia e quando ela chegou em casa com o resultado estava pálida. Perguntei, mas ela não me respondeu; eu sabia que tinha alguma coisa errada, muito errada com a minha filha. Ela me evitava o tempo todo, e eu não conseguia saber o que tinha ocorrido. Ela passou a se trancar no quarto, não se alimentava, não atendia o telefone, abandonou o emprego e por muitas vezes eu a escutava chorando. Como mãe, eu estava desesperada, aflita, sem saber o que fazer. Entrei no quarto dela e cobrei uma explicação, afinal de contas, eu sou a mãe, tenho que saber. Ela me entregou o resultado dos exames e o meu mundo desabou completamente. Apesar de não demonstrar minhas emoções, eu estava destruída por dentro. Minha filha está com HIV. Respirei fundo e disse a ela que íamos resolver, mas eu precisava saber como ela foi contaminada. Ela me disse que só podia ter sido o ex-noivo, aquele que faleceu, pois com esse novo namorado ela ainda não tinha tido relações sexuais. Minha filha estava confusa, revoltada, triste. Achei melhor pedir a ela que conversasse com esse namorado e contasse a verdade, mas ela não quer. Depois de falar com o meu marido, que está arrasado, decidimos levá-la a um psicólogo, mas nada adianta, a revolta dela é muito grande. O namorado não entende esse comportamento dela e fica meio perdido. Dia desses ela se cortou na cozinha, ele foi ajudá-la e ela fez um escândalo. Ela não quer contar a ele que está com AIDS, pois tem medo de perdê-lo. Por mais que eu converse, por mais que o pai fale e o irmão a oriente, nada parece surtir efeito. Eu já pensei em ir eu mesma conversar com o namorado dela, mas tenho medo de piorar ainda mais essa situação. Ela não quer se cuidar, recusou entrar num grupo de apoio, não quer que a família saiba. Eu não sei mesmo o que fazer, pode ter certeza que estou desesperada. Eu só não quero ver a vida indo embora da minha filha. Por isso escrevi: preciso ver uma luz no fim do túnel, e essa luz pode vir por intermédio de uma Palavra Amiga.

RESUMO: *Depois de muito conversar com a filha, Rosa conseguiu que ela contasse toda a verdade ao namorado. Ele pediu um tempo para pensar e, depois de algumas semanas, voltou a namorá-la. Ela começou a fazer o tratamento e tomar a medicação necessária.*

5 MAIS QUE IRMÃOS

Bom dia, Heleno, e um bom dia especial para todos da família Tupi. Meu marido e eu adoramos o seu programa, e juntos decidimos pedir a ajuda dos seus amigos ouvintes. Pode nos chamar de Ana e João. Estamos enfrentando uma grave decisão, um problema de difícil solução. Estamos cientes de que, se estamos na chuva, é para nos molharmos, e sabemos o quanto os seus ouvintes acharão absurda a nossa história, mas estamos preparados. Tudo começou quando a minha mãe decidiu ir morar em Minas Gerais; eu tinha apenas três aninhos. Minha mãe trabalhava muito e me deixava com uma senhora que eu chamava carinhosamente de vovó. Logo comecei a estudar e entender um pouco mais da vida. Não cheguei a conhecer meu pai, minha mãe dizia que ele me registrou, mas não queria assumir a responsabilidade de ficar conosco. Ela não fez questão de nada. Disse que cuidaria de mim sozinha e que não precisava dele, e assim foi. Quando completei 18 anos, quis fazer um curso no qual conheci um rapaz de 25 anos. Ficamos muito amigos, sempre estávamos juntos. Certo dia, porém, acabamos fazendo uma descoberta terrível: numa brincadeira de fotos olhei a identidade dele e percebi que o nome do pai dele era o mesmo do meu. Para nós, tudo não passava de uma grande coincidência. No dia seguinte, ele trouxe a foto do pai dele e mostrou para minha mãe que confirmou que aquele, de fato, era o meu pai também. Ficamos sabendo que assim que nós chegamos na cidade que ele também morava, poucas semanas depois, o meu pai tinha morrido num acidente. Foi a primeira vez que eu vi o rosto do meu pai e, me achei muito parecida com ele. Logo após todas essas revelações continuamos com a nossa amizade e prometemos a minha mãe de não contar esse fato a ninguém da cidade, mas algo aconteceu: nós nos apaixonamos. É isso mesmo, Heleno, não fomos capazes de ignorar esse sentimento proibido, e como não conseguíamos nos afastar, decidimos fugir da cidade e vir para o Rio de Janeiro tentar viver em paz. Mas foi tudo que não conseguimos. Minha mãe ficou tão arrasada, tão decepcionada comigo que acabou falecendo. A família do meu irmão ainda não entende o que aconteceu, pois eles nem imaginam que somos irmãos por parte de pai. Logo que chegamos arrumamos trabalho, e com a ajuda da família do meu irmão conseguimos comprar uma casinha. Com o meu descuido acabei engravidando e tivemos que contar toda a verdade ao médico, pois sabíamos que devido a nossa relação consanguínea tão próxima, o nosso filho poderia nascer com problemas. Graças a Deus, dei à luz um menino saudável, mas fui avisada pelos médicos que em qualquer fase da vida do meu filho ele pode apresentar sérios problemas de saúde. Nunca deixamos a família do meu irmão ver o nosso filho, ele já tem 10 anos e sempre arrumamos uma desculpa para não voltarmos à cidade de Minas Gerais e nem eles virem para cá. Quando meu irmão sente saudades ele vai sozinho e inventa qualquer desculpa. Numa dessa visitas, a mãe dele viu a foto do meu filho e achou ele muito parecido com o avô, e agora ela faz questão de conhecer o neto. Tenho medo de ela desconfiar de alguma coisa. Meu irmão, porém, diz que já passou da hora de a família saber toda a verdade e que acha melhor eu ir me preparando, mas ele também está indeciso. Não sabemos o que fazer, nem como fazer. Por isso lhe escrevemos, pois precisamos ouvir uma Palavra Amiga.

RESUMO: *Ana e João decidiram esperar mais alguns anos para contar à família toda a verdade.*

6 MÃE GUERREIRA

Bom dia, Heleno. Eu acompanho você há muitos anos e escuto diariamente o seu programa. Tenho passado por um problema bem difícil de resolver, não sei que decisão é a mais correta. No meio de tantas dúvidas, a única certeza foi a de escrever, pois preciso muito ouvir uma Palavra Amiga. Gostaria de ser chamada de Bia.

Lá pelos anos 60, nós reispeitávamos os nossos pais, pedíamos a benção, e o que eles falavam era lei; não questionávamos, apenas obediacíamos. Essa foi a minha criação e dos meus irmãos. Muito apaixonada, aos 17 anos eu me entreguei ao meu namorado, mas, inexperiente, logo engravidei. Minha mãe, muito esperta, desconfiou. Ela monitorava as nossas regras mensais e, quando a minha não veio, ela imediatamente ficou alerta. Falei com o meu namorado e combinamos fugir naquela mesma noite. Fiquei horas esperando, ele não aparecia e fui até a casa dos pais dele, mas a mãe dele me disse que ele tinha ido passar uma temporada na casa de uma tia em outro estado. Voltei para casa sem saber o que fazer e dei de cara com os meus pais. Fui proibida de voltar à escola e de sair de casa até a criança nascer. Meus pais pouco falavam comigo e não queriam que ninguém soubesse do que tinha acontecido. Os meses foram passando e, numa madrugada chuvosa e fria, dei à luz uma linda menina que me foi arrancada dos braços e entregue à parteira. Naquele momento eu queria morrer, mas o pior ainda estava por vir. Na sala de casa me aguardava sentada uma mulher que era dona de um bordel que ficava em outra cidade, meu pai sem olhar na minha cara mandou que eu fosse embora de casa com essa mulher. Depois de algumas semanas, já recuperada do parto, tornei-me uma prostituta. Deitava-me com todos, sem me importar com a vida.

Depois de algum tempo, certo dia, por intermédio de um cliente que era filho da parteira que tinha levado a minha filha, descobri finalmente o paradeiro daquela criança. Minha filha estava morando num convento, muito perto de mim. Não pensei duas vezes, conversei com madre e pedi abrigo e comida em troca de trabalho. Embora eu não quisesse, o convento acertou um pequeno salário. Era uma oportunidade de ouro poder ficar perto do meu anjinho. E assim foi, eu cuidava da minha filha o tempo todo e ninguém desconfiava de nada. Era muito difícil alguém adotá-la, os casais que lá chegavam queriam apenas crianças abaixo de um ano, e ela já tinha passado dessa fase. Ela ficava triste por não ter uma família, mas eu sempre colocava muito amor em tudo para minimizar essa falta que ela sentia. Eu fazia muito artesanato e ganhava um dinheirinho por fora. Tudo eu guardava, pois não tinha despesa alguma. Com esse dinheiro comprei uma pequena quitinete. Minha filha foi crescendo, chegando a idade limite de ficar no convento, com uma inteligência brilhante ela arrumou um emprego e continuou a estudar, conseguia se manter e cedi a ela a kitinete para morar e sempre estávamos juntas, mas algo me chamava muita atenção, o fato dela ser revoltada por não saber sua origem. Sempre tive muito medo de contar a verdade, pois não sabia da sua reação. Eu não podia colocar em risco a nossa grande amizade. Se algo desse errado eu perderia de vez a minha menina. Nessa época um câncer me atingiu e fiquei muito doente, mas graças a Deus me recuperei bem a tempo de ver o casamento da minha filha com um homem de uma situação financeira bem confortável e o maior dos presentes: o nascimento dos meus netos.

Hoje, amigo Heleno, aos meus 68 anos de vida, o câncer voltou, e desta vez muito mais agressivo. Mas desta vez encontrou uma mulher cansada, ciente de que hoje há muito pouco por fazer.

Munida de coragem, decidi, antes de falar com a minha filha, conversar com o meu genro e contei tudo a ele, toda a verdade. Para minha surpresa ele me pediu que me afastasse da família deles, pois eu tinha um passado muito ruim e isso poderia manchar o nome deles. Eu não sou uma boa referência para a família dele.

Hoje o meu tempo é pouco, e eu gostaria de revelar tudo isso para minha filha que está com 50 anos e cada vez mais linda, mas depois dessa conversa com o meu genro, não sei mais o que fazer, estou muito indecisa, confusa e preciso ouvir uma Palavra Amiga.

RESUMO: *O genro se arrependeu do que disse e contou tudo para a esposa, Ana Clara, que imediatamente foi procurar a mãe. As duas se emocionaram muito. Ela escreveu para a rádio contando o que aconteceu, pois foi o último pedido da sua mãe, Maria, antes de falecer.*

7 MÃE, AMIGA E DECEPCIONADA

Bom dia, Heleno, e todos da sua equipe. Há muitos atrás eu sintonizei a super rádio tupi e até hoje não consegui me desligar de vocês. É um verdadeiro vício, mas um "vício bom". Eu gostaria de ser chamada de Alice. Ultimamente tenho passado por um problema que não estou conseguindo resolver, não sei que atitude tomar, uma situação insustentável. Como temos este canal de ajuda no seu programa, resolvi escrever e ouvir a orientação dos amigos ouvintes.

Minha idade é 43 anos, sou solteira e tenho uma filha de 21 anos. Eu me lembro como se fosse hoje quando dei a notícia da minha gravidez ao meu namorado. A decepção e a tristeza ficaram estampadas no seu rosto. Na época ele disse que ficaria do meu lado e me acompanharia até a clínica para que eu fizesse aborto. Eu disse que não, e ali mesmo o nosso relacionamento começou a desmoronar. Cada vez ele aparecia menos, começou a dizer que ia fazer um curso fora do país. Eu já sabia que ele estava caindo fora e decidi facilitar as coisas terminando o nosso relacionamento. Tive a impressão de tirar um peso enorme das costas dele. Continuei com a minha vida, trabalhando e aproveitando a minha gravidez. Meses depois nasceu uma linda menina, minha princesinha veio ao mundo, graças a Deus com muita saúde. Senti-me a mulher-mãe mais feliz do mundo. Passaram-se os anos e um dia uma senhora bateu à minha porta me trazendo a notícia do falecimento do pai da minha filha. Embora ele nunca tivesse visto a filha, registrado, tampouco dado qualquer ajuda nesses anos, eu fiquei triste, mais pela minha filha. Essa senhora era a mãe dele, e a partir desse dia eu nunca neguei que ela visitasse a neta. Ela é uma pessoa maravilhosa e me disse que tinha descoberto há pouco tempo a existência da netinha. Virou uma grande amiga na minha vida e uma avó maravilhosa para a minha filha.

Há dois anos conheci um homem de 45 anos, viúvo, sem filhos, trabalhador. Confesso que me apaixonei por ele. Tudo que eu sonhava num homem ele possuía. Tinha certeza que ele, como costumam dizer, era a minha metade. Mas, de uma hora para outra, há apenas seis meses, sem motivos, ele terminou comigo, dizendo que não estava mais interessado, não estava feliz, usou um mundo de desculpas para justificar o fim do nosso relacionamento. Só me restou aceitar. Fiquei péssima, mas não deixei que as pessoas percebessem; por dentro, no entanto, eu estava arrasada.

Mês passado, minha filha veio conversar comigo e me perguntou se eu teria algo contra ela namorar uma pessoa bem mais velha, com mais que o dobro da idade dela. Conversamos, expus os prós e contras da diferença de idade, mas disse que, se de fato ela o amava, que seguisse seu coração, lembrando-se apenas de considerar os prós e os contras de um relacionamento assim. Fiquei muito curiosa em conhecer essa pessoa, providenciei um jantar e convidei a minha grande amiga, avó da minha filha. No dia marcado minha filha entrou em casa acompanhada de meu ex-namorado, abraçados. Foi como se o chão se abrisse debaixo dos meus pés. Fiquei sem reação alguma, mas eles perceberam o meu espanto. Não era bem pelo fato da diferença de idade, mas sim por ele ter sido meu namorado, conhecer a minha filha. Isso gerou um mal-estar terrível. Durante o jantar eu fiquei imaginando que eles já poderiam estar juntos há muito tempo e por isso ele tinha terminado comigo. Que espécie de pessoa é essa que namora a mãe e depois a filha? A avó da minha filha foi maravilhosa. Mesmo percebendo tudo, pois o conhecia desde o tempo que namorávamos, deu continuidade ao jantar como se nada estivesse acontecendo. Quando ele foi embora, chamei minha filha para conversar, queria que ela me confirmasse várias coisas que estavam passando pela minha cabeça, inclusive o fato de ter acontecido alguma coisa entre eles enquanto estávamos juntos. Mas ela foi categórica: que certa noite, ela o viu num barzinho e foi falar com ele. Dali para frente eles começaram a se falar mais e começou uma paquera de ambos. Só que eu não acreditei nessa história. E está muito difícil conviver aqui em casa com essa situação. Ele entra aqui em casa, abre a minha geladeira, chama-me de sogra, pega a minha filha para sair, vão viajar juntos. E isso está me incomodando bastante. Já conversei com a avó da minha filha, e ela acha isso meio estranho também. Mas, não sei bem o que fazer, nem por onde começar. Acho que qualquer atitude que eu venha a tomar fará minha filha achar que estou com ciúmes, e na verdade, eu nem sei se estou mesmo. Encontro-me nesse momento muito perdida. Eu percebi que a minha filha está muito envolvida. Não sei mesmo o que fazer, por isso decidi escrever. Eu preciso saber que rumo dar a minha vida, preciso de uma Palavra Amiga.

RESUMO: *Alice resolveu pedir à filha que não traga mais o namorado para a casa dela. A filha decidiu sair de casa e ir morar com o namorado.*

8 ESPOSA ENGANADA

Bom dia, Heleno. Bom dia a todos os ouvintes. Gostaria de ser chamada de Elizabeth. Tenho 54 anos, sou dona de casa e fui abençoada com um casal de filhos gêmeos, que hoje estão com 29 anos. Eu estou passando por um momento muito difícil na minha vida, tenho que tomar uma decisão, seguir um novo caminho. E na verdade, não sei exatamente o que fazer. Por isso, decidi escrever. Preciso muito ouvir uma Palavra Amiga dos amigos ouvintes.

Acredito que se nós, filhos, escutássemos os nossos pais, não faríamos tantas besteiras, não tomaríamos tantas decisões erradas em nossas vidas. Mas eu não fui diferente, só fazia o que achava melhor, nunca fui de escutar conselhos e paguei muito caro por esse modo de ser. Ainda com os meus 19 anos, apaixonei-me perdidamente por um homem de 30 anos que, na época, não passava de um malandro. A ele me entreguei e desafiei meus pais. Não suportando o meu modo de ser, meus pais obrigaram a mim e ao meu namorado a nos casarmos. Compraram uma pequena casa, bem distante da deles, e me lembro como se fosse hoje a frase de minha mãe quando fui embora da casa dos meus pais já casada: "Tente ser feliz com esse homem!". Encantada, apaixonada, nem liguei. Na primeira noite juntos, meu marido saiu e só voltou três dias depois. Eu estava preocupada e morrendo de fome. Ele chegou bêbado, com a camisa cheirando a um perfume horrível e trazendo um pedaço de pão duro embrulhado num papel velho. Disse que tinha arrumado um biscate para fazer, mas a pessoa não gostou do serviço dele e só deu uns trocados. Tudo isso aos gritos. Eu ainda estava apaixonada e não conseguia ver o monstro com quem havia me casado. Quase não tínhamos comida em casa. A cada nova bebedeira ele quebrava a louça, os poucos móveis... Quase sempre ele me batia. Eu não visitava meus pais, mas ia na casa da família dele. Uma vez conversei com a mãe dele sobre tudo que acontecia conosco, mas ela apenas me disse que ele era igual ao pai.

Ele não me deixava estudar, tampouco trabalhar fora; os muros da nossa casa eram bem altos, eu nem via a rua. Nunca consegui engravidar dele, o que também pesava em nosso casamento. Ele me culpava por não lhe dar filhos e me batia ainda mais.

Ainda hoje eu me lembro dele chegando em casa com duas crianças no colo, de aproximadamente dois meses. Como eu não lhe dava filhos, ele havia arrumado alguém que o fizesse. Gêmeos. Questionei sobre a mãe, mas ele disse que ela não queria as crianças e ele não podia abandonar os próprios filhos. Com a chegada dessas crianças tudo melhorou em casa, todos pensavam que eram nossos filhos legítimos. E os anos foram passando, as crianças cresceram, estudaram e se formaram jovens exemplares. Há pouco mais de dois meses uma mulher bateu à porta e me contou uma história que me deixou em pânico. Ela me disse que já era amante dele desde antes do nosso casamento e que ele também exigia dela filhos. Para tentar ser feliz com ele, ela engravidara de outro homem. Quando os filhos nasceram ele não quis mais continuar a se relacionar com ela, e foi aí que ela decidiu como forma de punição entregar os filhos dela com outro homem para o meu marido criar como se fossem dele, ou melhor, para nós criarmos.

Hoje, ela quer colocar tudo em pratos limpos, falar a verdade não apenas para o meu marido, mas para esses dois jovens que eu criei como se fossem meus verdadeiros filhos. Só que o meu marido está muito doente, já infartou duas vezes e, segundo o médico, não suportaria tanta emoção. Por outro lado, meus filhos são pessoas bem resolvidas na vida, estão muito bem encaminhados. E essa revelação pode trazer graves consequências para a vida de todos nós.

Minha irmã acha que a verdade, seja qual for, deve ser dita. Até porque ele sempre me culpou por não dar filhos a ele, quando na verdade o problema era dele e não meu. Eu não sei o que fazer. Tenho pensado muito, mas não consigo chegar a nenhuma decisão. Essa mulher disse que gostaria que os filhos soubessem da existência dela e como as coisas aconteceram. Estou muito indecisa e acho que seria até uma vingança minha deixar os meus filhos saberem quem de fato é o pai deles. Não sei se deixo as coisas como estão. Gostaria muito da ajuda da grande família Tupi.

RESUMO: *Elizabeth conversou com os filhos, contou-lhes tudo o que aconteceu e deixou que a decisão de contar a verdade ao suposto pai fosse deles. Depois de muito pensar, os "filhos" levaram a mãe para morar com um deles e não contaram ao pai que não são seus filhos legítimos. Deixaram que o pai, mesmo doente, viva sozinho.*

9 NEM TÃO PAI ASSIM

Heleno, aqui em casa sempre fomos ouvintes da Rádio Tupi e adoramos toda a programação. Chame-me apenas de Samuel. Há anos passei por uma situação muito difícil na minha vida e da minha família. Hoje, um pouco mais recuperado, o passado retornou e preciso tomar uma difícil decisão, mas não sei ainda o que fazer. Por isso, resolvi escrever para você, pois preciso ouvir uma Palavra Amiga.

Tenho pouco mais de quarenta anos, sou divorciado e tenho dois filhos. Há muitos anos eu era noivo, muito apaixonado e cheio de sonhos. Minha noiva frequentava minha casa e por muitas vezes ficava lá por dias; meus pais, meus irmãos e todos da minha família gostavam muito dela. No aniversário do meu irmão fizemos um grande churrasco lá em casa para comemorar a data, e convidei vários amigos. No meio desse churrasco, um amigo de muitos anos me chamou num canto e fez um comentário que na época achei um absurdo e que até me deixou bastante chateado com ele. Mas os dias foram passando e minha noiva adoeceu. Como a família dela estava viajando, meus pais acharam melhor que ela ficasse conosco aqui em casa. Assim foi feito. Ela melhorou e continuou aqui em casa se recuperando. Minha mãe foi passar uns dias na casa da irmã e eu fiquei de levá-la e buscá-la. Arrumamos tudo no carro e a minha noiva não quis ir conosco, preferiu ficar em casa. Num certo ponto do caminho, minha mãe notou que tinha esquecido a carteira com os documentos dela e me fez voltar. Quando entrei em casa escutei uns barulhos estranhos e fui seguindo. Cheguei ao no banheiro e surpreendi o meu pai tomando banho com a minha noiva. Minha mãe tinha vindo atrás pegar mais alguma coisa e ficamos em estado de choque, quando eles perceberam a nossa presença. O meu pai imediatamente disse que estava ajudando a minha noiva que estava passando mal. Claro que ninguém acreditou. Minha mãe mandou ele sair da casa dela e eu quase perdi a cabeça com a minha noiva, fui contido pela minha mãe que me disse que não valia a pena. Imediatamente recordei o dia do churrasco, quando meu amigo havia comentado (o que naquele momento julguei um comentário maldoso) que eu abrisse os olhos pois meu pai estava muito derretido com a minha noiva. Ele estava certíssimo. Meus irmãos, achando que estávamos demorando muito, vieram atrás de nós e ficaram revoltados com a situação. Meu pai saiu de casa junto com a minha noiva. Minha mãe ficou péssima e eu também. A vida ficou bem mais difícil depois de tudo isso. Nós sempre tínhamos notícias do meu pai, pois ele ficou morando com um parente próximo à nossa casa, mas minha mãe não queria sequer ouvir o nome dele pronunciado em nossa casa. E assim foi. Os anos foram passando, formei-me e casei-me com uma mulher muito bacana. Nosso casamento não deu certo e algum tempo depois voltei para a casa da minha mãe, que morava sozinha, pois os meus irmãos já tinham seguido as suas vidas. Ficamos morando juntos, dividindo nossas mágoas. Minha irmã veio nos visitar e pediu para que minha mãe e eu perdoássemos meu pai, pois ele estava muito arrependido e não sabia mais o que fazer para que o aceitássemos de volta em nossas vidas. Percebi que minha mãe ficou um pouco balançada, indecisa. Mas eu não. Nada me faria voltar atrás. No dia que ele foi embora eu disse que ele havia morrido para mim. E nada mudou! Continuo com esse pensamento. Minha irmã conversou também com a nossa tia que acha que o tempo já passou e que seria muito bom para a família recebê-lo em nossa casa. Eu sei que a minha mãe quer o meu pai de volta, meus irmãos também e parte da família torce para que isso ocorra. Eu pareço um estranho no ninho, pois sou o único que não aceita isso. Acho um absurdo, eu tinha sonhos, planos e amava aquela mulher. Talvez pela minha mãe eu até concorde em ter esse homem dentro da nossa casa, mas nunca seria a mesma coisa. Preciso muito ouvir uma Palavra Amiga, pois na verdade eu não sei o que fazer.

RESUMO: *A mãe de Samuel aceitou o ex-marido de volta. Samuel decidiu sair de casa, pois ainda acha impossível a convivência com o pai.*

10 FILHA IRRESPONSÁVEL

Bom dia, Heleno e todos os ouvintes da família Tupi. Pode me chamar de Arlete. Eu fiz coisas erradas na minha vida que hoje me envergonham muito. Magoei pessoas que me amavam. Hoje, já não sei mais o que fazer, e preciso tomar uma decisão. Respeito muito os comentários dos ouvintes e, apesar de não merecer, preciso muito de uma Palavra Amiga.

Tudo começou há mais de 20 anos, quando eu me casei. Meu marido sempre foi um homem maravilhoso, muito responsável, trabalhador e honesto. Eu era muito nova quando me casei, tinha apenas 16 anos e estava "brincando de casinha". Não pensava em completar os meus estudos, tampouco em trabalhar. Eu queria mesmo era ficar em casa. Achava que a vida era um conto de fadas e que tudo seria sempre perfeito. Uma família se mudou para perto da minha casa e um certo rapaz me despertou a atenção. Ali, percebi que não amava o meu marido. Comecei a retribuir os olhares do meu vizinho, e começamos uma paquera que evoluiu para um tórrido caso de amor que durou vários anos.

Minha mãe veio de Salvador, pois morava lá sozinha, era viúva e eu sou filha única. De vez em quando ela vinha para o Rio de Janeiro passar alguns dias conosco. Certo dia, quando ela foi visitar uma amiga, meu amante veio para minha casa e fomos para o meu quarto. Acabamos pegando no sono e minha mãe nos surpreendeu, fez um escândalo daqueles e disse que eu era uma ordinária, safada, que não dava valor para o marido que eu tinha. Acabei confessando para minha mãe que estava grávida, mas não sabia quem era o pai, e ela me deu uma semana para eu contar toda a verdade para o meu marido, senão ela mesma o faria. Fiquei desesperada, pois sabia que o meu amante não seria capaz de me sustentar e também não gostaria de saber que eu esperava um filho que poderia ser dele.

Minha mãe saiu no dia seguinte para resolver algumas coisas e ia passar na casa da amiga. Com o passar das horas, sem que ela retornasse, comecei a me preocupar e liguei para a casa dessa amiga. Ela me disse que fazia horas que a minha mãe tinha ido embora. Logo fiquei sabendo que minha mãe tinha levado um tombo na rua, batido com a cabeça e sido socorrida. No hospital, fui informada que ela estava em coma, pois tinha sofrido um traumatismo craniano. Depois de alguns dias, ela foi submetida a uma cirurgia. Após semanas, minha mãe teve alta e voltou para a minha casa, porém, ela não esqueceu do que aconteceu e me cobrou uma atitude. Comecei a dizer para o meu marido que a minha mãe estava ficando esquecida e confusa, e que com um filho a caminho ficaria muito difícil eu cuidar dela. Minha mãe tomava alguns calmantes que a deixavam bem dopada e aproveitei isso para juntar documentos do hospital e laudos que consegui com alguns médicos para interná-la. Quando eu ia visitá-la ela chorava e me dizia o quanto me odiava, começava a gritar repudiando o que eu havia feito com ela. Eu ia embora prometendo nunca mais voltar. Mas sempre acabava voltando e tentando conversar com com ela, para que entendesse as minhas razões. Tudo, porém, acabava sempre em briga. Minha mãe decepcionada, acreditando ter colocado um monstro no mundo, não aguentou tamanha dor, ficou doente e faleceu. Eu amava a minha mãe, só não queria que ela atrapalhasse a minha vida.

Depois de muitos anos, uma amiga da minha mãe procurou meu filho no trabalho e contou toda a verdade a ele. Meu filho fez o exame de DNA sem o meu marido desconfiar de nada. O resultado: meu marido não é o pai. Meu filho diz que me odeia, não quer saber quem é o pai dele, que não suporta mais olhar para minha cara e que se eu não contar tudo o que eu fiz para o meu marido, irá embora de casa e nunca mais voltará. Ele me disse que não irá contar, pois sou eu quem deve contar. Se eu não fizer isso eu nunca mais o verei outra vez. Eu amo demais o meu filho, mas não sei o que fazer. Preciso muito ouvir uma Palavra Amiga, embora eu saiba que não mereço.

RESUMO: *Arlete, muito arrependida, arrumou as malas, contou toda a verdade ao marido e foi embora. Semanas mais tarde o marido decidiu perdoá-la e começaram uma nova vida juntos. O filho não aceita mais a presença da mãe na sua vida, e desde então, nunca mais visitou os pais.*

11 MUDANÇA DE SEXO E SUAS CONSEQUÊNCIAS

Heleno, adoro o seu programa. Principalmente a atenção que você dá aos seus ouvintes. Escuto diariamente o Palavra Amiga e sempre quis participar, mas me faltava coragem. Gostaria de ser chamada de Mariana. Muitas vezes somos julgados de maneira muito agressiva pelas pessoas e isso me assusta. Mas como dizem: quem está na chuva é para se molhar mesmo. Meu nome de Batismo é Maurício Gomes. Minha história começa com a minha insatisfação em ter nascido homem. Há muitos anos decidi mudar de sexo, trabalhei bastante, juntei o necessário para realizar esse sonho. A cirurgia foi um sucesso e o resultado maravilhoso. Alterei todos os meus documentos e minha vida prosseguiu normalmente.

Minha família não aceita toda essa transformação e não entende que agora sinto-me feliz, uma pessoa realizada. Há alguns meses conheci um homem muito especial, honesto e muito trabalhador. Ele é cliente do meu salão e não sabe que na verdade eu fiz essa cirurgia, mas não tenho vontade de contar nesse momento. Minha mãe, porém, que deveria ser minha amiga, não aceita essa situação. Todos os dias ela me joga na cara que fui ingrata, que não aceitei a determinação de Deus e serei castigada. Como se não bastasse, ela me disse para contar a essa pessoa com quem eu me relaciono sobre a minha cirurgia de mudança de sexo, do contrário ela vai revelar tudo a ele, pois acha que eu estou enganando essa pessoa. Heleno, eu demorei muito para pedir ajuda, pois tenho certo receio do que as pessoas vão achar. Eu sempre batalhei muito para chegar aonde cheguei, nunca roubei, fui sempre honesta, e consegui a custa de muito trabalho o meu ganha-pão. Eu sei que tenho que contar para essa pessoa que está comigo, mas não queria que fosse com a minha mãe me pressionando. Já tentei conversar com ela, mas nada adiantou. Por outro lado, tenho muito medo da reação desse meu parceiro. Não sei o que fazer, já perdi noites e noites de sono, não consigo achar nenhuma solução para o problema que estou passando. Preciso muito ouvir uma Palavra Amiga.

RESUMO: *Mariana ouviu os amigos ouvintes e decidiu contar ao namorado o seu segredo. Ele ficou bem indeciso e se afastou, mas aos poucos estão mantendo contato.*

12 ENTEADOS REBELDES

Boa tarde, Heleno, e todos da grande família Tupi. Gostaria de ser chamada apenas de Celeste. Tenho 32 anos e sou mineira.

O sonho da minha vida era me casar e formar minha própria família. Sempre achei que casar com uma pessoa que tivesse filhos seria um baita problema, e não estava errada. Mas quando o coração falou mais forte, deixei-me levar e casei com um homem que tinha três filhos. Esse bônus extra me custou muito caro. A mãe dessas crianças não quis dividir a guarda com o pai. Preferiu deixar os filhos para serem criados por ele. Ela vem a cada 15 dias, pega as crianças e devolve dois dias depois. Entendo que os filhos sempre querem ver os pais juntos, e neste caso não foi diferente. Eles aprontam todas comigo. Se compro algo para a nossa casa, no dia seguinte aparece quebrado; quando cozinho, a comida está sempre salgada, apimentada ou com um gosto horrível. Eles jogam alvejante nas roupas que estão na máquina. Semana passada, quando eles chegaram da casa da mãe, foi terrível, pois trouxeram várias fotos da mãe e fizeram questão de espalhar por toda a casa. Eu fiquei furiosa. E isso é só um pouco do que eles fazem. Já tentei ser amiga deles, mas essas crianças sempre me rejeitaram desde o começo. Nada do que eu faço as agrada. Quando vou conversar com o pai deles, sempre acabamos brigando, pois ele acha tudo isso normal e não toma atitude alguma em relação aos filhos. Eu estou grávida, não sei o que fazer, tenho medo que as crianças fiquem com ciúmes do meu filho e façam alguma maldade com ele. Tenho vontade de me separar. Antes de engravidar, perdi o emprego. Sinceramente estou desesperada e não consigo achar uma solução. Preciso muito ouvir uma Palavra Amiga.

RESUMO: *Orientada pelos ouvintes, Celeste decidiu voltar para Minas Gerais e ficar com a mãe, e pediu ao marido que tomasse uma providência em relação à educação dos filhos, pois ela só voltará quando os enteados a respeitarem.*

13 PROVA DE AMOR

Heleno, boa tarde. Toda a minha família adora a Rádio Tupi. A programação é maravilhosa, em especial o seu programa, mas o quadro Palavra Amiga é demais.

Gostaria de ser chamada de Isaura. Tenho 25 anos, meu noivo tem 27 anos, é uma pessoa muito bacana, a quem amo demais. Estávamos planejando nosso casamento que, a princípio, ocorreria muito em breve. Mas um problema muito sério está me tirando a paz, o sono, a tranquilidade, e colocando em dúvida o meu futuro casamento – e para muita gente até os meus sentimentos.

Depois de alguns exames pedidos pelo nosso médico, ficou constatado que o meu noivo sofre de uma doença degenerativa, e o futuro dele será numa cadeira de rodas. Eu não sei o que fazer. Foi um baque, na hora o chão se abriu sob meus pés e fiquei completamente perdida. Não tive palavras nem atitude.

Tenho toda uma carreira profissional pela frente e, não imaginei uma vida assim. A família dele me trata como filha, e eu não sei como dizer que estou em dúvida em relação ao nosso casamento. Todos estão arrasados com esse diagnóstico. A família dele já está quase fechando a compra de um imóvel para nós. Minha família diz que não vai dar certo, que é melhor eu abrir o jogo e contar a verdade. Penso que se ele estivesse no meu lugar seria muito difícil levar uma vida comigo, nem sei se ele aceitaria casar, eu mesma não ia querer que ele vivesse desse jeito. Não iria impor uma vida assim ao meu futuro marido. Alguns amigos nossos que me dizem para cair fora, que isso não é futuro; outros dizem que estou sendo cruel. Eu não tenho dúvidas em relação ao meu amor pelo meu noivo, mas não estou preparada para viver dessa maneira. Que dilema, amigo Heleno. Preciso muito ouvir uma Palavra Amiga.

RESUMO: *Depois de muito pensar e ouvir os ouvintes, Isaura decidiu terminar o noivado. Disse a ambas as famílias que não tem capacidade para levar uma vida desse jeito. Na opinião de Isaura, o amor que ela sente pelo ex-noivo não iria resistir.*

Boa tarde, Heleno, e todos da sua ótima produção. Aqui em casa estamos sempre ligados no seu programa. Gostaria de ser chamada de Lúcia. Tenho passado por um problema que vem me incomodando muito, estou sem saber o que fazer e preciso muito da ajuda dos amigos ouvintes.

Meu pai praticamente me criou sozinha, minha mãe não resistiu a uma grave doença e quando eu tinha apenas dez anos de idade meu pai teve que assumir os papéis de pai e mãe. A vida seguiu o seu curso, mas com muita dificuldade. Minha mãe fazia muita falta nas nossas vidas, pois era uma pessoa que para tudo dava um jeitinho, achava solução para todos os problemas. Quando nos deparamos com uma vida sem ela, fez-se um enorme buraco no nosso dia a dia. A única coisa que nos restou foi aceitar, afinal de contas, não tínhamos outra opção.

O tempo foi passando e depois de uns cinco anos meu pai conheceu uma mulher, com quem resolveu se casar. Sinceramente, sempre achei que o meu pai precisava refazer a sua vida, mas nunca fui muito com a cara dessa mulher. Ela é fingida, mentirosa, interesseira e sei que não gosta de mim. Hoje estou com 25 anos e prestes a sair de casa, quero ter o meu próprio cantinho, mas fico com medo de deixá-la sozinha com o meu pai. Ela sustenta um amante. Nesses dez anos que ela está com o meu pai comprou duas casas para ela. Enfim ela está usando o meu pai para garantir o seu futuro. Já mostrei fotos para o meu pai dela com esse amante, falei dessas duas casas. Meu pai diz que eu vejo maldade em tudo, que o rapaz é só um amigo, que ele até o conhece e não vê mal algum em ela adquirir bens. Meu pai ainda brigou comigo, mas tenho muito medo de deixá-lo já que a saúde dele é bem frágil. Por outro lado, estou sofrendo bastante com tudo que vem acontecendo e não sei o que fazer. A convivência com a minha madrasta é insuportável. Evito bastante discutir com ela na frente do meu pai, mas ela sabe o que eu realmente penso em relação a ela. Se ela fosse uma boa pessoa, eu seria muito feliz, mas não acredito no amor dela para com meu pai e comigo. Preciso muito de uma Palavra Amiga.

RESUMO: *Lúcia optou por ficar em casa e cuidar do pai que está muito doente. Quanto à madrasta ela não fala com ela, mas tem medo de sair e a saúde do pai piorar.*

15 FILHA CRUEL

Heleno, boa tarde. É uma satisfação muito grande poder participar do seu programa. Gostaria de dar um bom conselho, mas quem está precisando hoje de uma Palavra Amiga sou eu. Gostaria de ser chamada de Laura. Somos quatro irmãos. Meu pai veio para o Rio de Janeiro com a promessa de voltar, mas nunca voltou e nem deu notícias. Minha mãe, desesperada, juntou os filhos e o pouco que tinha, e veio com a cara e a coragem para o Rio de Janeiro. Aqui chegando, ficamos numa pensão. Minha mãe logo começou a trabalhar e o meu irmão mais velho também. Na época eu tinha 18 anos e meu irmão quase 20 anos, meus outros irmãos tinham 11 e 14 anos. A vida foi prosperando e minha mãe alugou uma pequena casa. Com muito sacrifício ela pagava as contas e comida não faltava. Cada um de nós tinha uma responsabilidade e respeitávamos muito a nossa mãe guerreira. Lembro-me de acordar diversas vezes de madrugada e ela estar costurando. Eu a chamava para dormir, ao que ela sempre respondia: "Já vou". Mas na maior parte das vezes ela ficava ali a noite inteira. Depois de alguns anos minha mãe conheceu um homem que nos adorava e a vida ficou ainda melhor. Eu, porém, sentia ciúmes, e esse sentimento destrutivo estragou tudo. Na verdade, acho que sentia inveja. Eu armava diversas situações: pedia para as minha amigas ligarem lá para casa procurando por ele; escrevia. Fazia bilhetinhos e colocava nas roupas dele; fingia estar passando muito mal só para dormir no quarto da minha mãe; falava no meu pai o dia inteiro, principalmente quando íamos fazer as refeições. Aos poucos, fui destruindo o relacionamento dos dois. Mas o tiro de misericórdia veio mesmo quando fiz minha mãe acreditar que ele tinha uma amante. Fui muito cruel e injusta. Hoje, vejo minha mãe pelos cantos da casa, sofrendo, pois ela o amava demais, e não sei o que fazer. Não tenho coragem de contar as besteiras que fiz. Tenho medo da reação dela e dos meus irmãos. Sei que estou errada, muito errada, mas não sei como reparar o mal que fiz. Já pedi perdão a Deus.

Preciso muito de uma Palavra Amiga.

RESUMO: *Depois de saber de tudo o que a filha fez, todas as armações, a mãe de Laura pediu que ela deixasse a casa. O padrastro voltou a viver com sua mãe.*

16 CASAMENTO SEM AMOR

Boa tarde, Heleno. Eu adoro o seu programa, gosto de todos os quadros. Já participei do Palavra Amiga, mas agora, por mais que eu tente empurrar com a barriga, preciso resolver uma situação. Hoje quem precisa de uma Palavra Amiga sou eu.

Gostaria de ser chamada de Sofia. Tenho 34 anos. Casei-me bem cedo, pois desejava sair de casa e vi no casamento a solução. Meus pais eram muito severos comigo, não deixavam eu sair de casa, não podia ter amigos. E não foi exatamente por amor que me casei. Mas o meu marido, um homem responsável, honesto, trabalhador, tinha todos os elementos, todas as qualidades e virtudes para fazer uma mulher se apaixonar por ele. Isso, porém, não aconteceu comigo. Eu gostava dele como amigo e o respeitava e respeito pela pessoa que é. Até acreditava que com o passar dos anos o amor pudesse mesmo acontecer. Evitei todos esses anos ter filhos, pois acredito que os filhos devem ser fruto do amor, não da amizade.

Eu voltei a estudar. Acabei conhecendo um homem mais velho, e com ele o amor, o verdadeiro amor. Só que eu nunca revelei isso a ele. Guardei esse sentimento dentro do meu coração por meses. Na época tive vontade de me separar, mas isso causaria uma grande confusão na minha família, pois o homem pelo qual eu me apaixonei é tio do meu marido e também é casado. Ele vivia com a família em outro país, e nas poucas vezes que ele vinha para o Brasil nós nos desencontrávamos.

Contive-me o quanto pude, mas num dia eu estava num supermercado e quando acabei de colocar as minhas compras no carro dei de cara com ele, que me pediu uma carona até em casa. O carro dele tinha pifado ali por perto e ele estava indo no mercado pedir ajuda. No caminho para casa fomos conversando, o meu coração não batia, disparava. Quando parei o carro numa rua perto de casa para pegar uma encomenda ele me deu um beijo e correspondi na hora. Foram abraços, declarações, e dias depois estávamos na cama.

Depois de algum tempo de relacionamento sem qualquer cuidado, descobri que estou grávida. Sei que o filho que espero não é do meu marido, pois ele é caminhoneiro e muitas vezes passa mais de um mês fora de casa. Pensei em fazer um aborto, mas não tenho coragem. Afinal de contas, a culpa foi minha em engravidar, não tive cuidado e por diversas vezes não tomei o anticoncepcional como deveria. Nem o meu amante sabe da minha gravidez. Estou muito arrependida, de fato, não sei o que fazer e nem por onde começar. Sei que preciso muito de várias broncas, fui irresponsável demais, mas neste momento, preciso muito de uma Palavra Amiga.

RESUMO: *Sofia teve um aborto espontâneo. Ninguém soube do ocorrido. Ela decidiu pôr um ponto final no relacionamento com o amante, mesmo sabendo que ele sempre será o grande amor da sua vida.*

17 MARIDO ARREPENDIDO

Boa tarde, amigão Heleno. Gostaria de ser chamado de Francisco. Cometi um erro bastante grave, e não consigo achar uma solução viável para resolver esse problema. Se existe um marido apaixonado pela esposa sou eu. Mas assim que me casei vieram os filhos, e logo os problemas também. Minha mulher passou a relaxar completamente com a aparência, mas compreendo que três filhos dão muito trabalho. Com muito custo arrumei outro emprego e contratei uma empregada para ajudar a minha esposa, com o intuito de que ela assim passasse a se cuidar. Mas nada adiantou. Confesso que passei mesmo a sentir vergonha de levá-la em algum evento. Por mais que eu estimulasse, de nada adiantava. Nem as unhas ela queria fazer. O descaso com a aparência era total. Isso me incomodou tanto que decidi deixá-la de lado e cuidar dos meus filhos e de mim. Foi quando conheci uma mulher e começamos a ter um caso. Encontrávamo-nos todos os dias, mas eu não tinha nenhuma intenção de me separar da minha esposa. Tínhamos bons momentos juntos, minha amante e eu, mas era só isso. Apesar de tudo, a verdade é que eu ainda amava a minha mulher. Apenas via na minha amante a vaidade que minha esposa não tinha perdido. Aquele toque feminino, aquela delicadeza, coisas que enfeitiçam qualquer homem.

Nesse meio-tempo, minha esposa pareceu acordar e começou a se cuidar. Aos poucos, voltou a ser aquela linda mulher que me encantara. Resolvi pôr um ponto final no meu caso, só que a minha amante não aceitou bem o fim do nosso relacionamento e passou a infernizar a minha vida. Ela me persegue. Outro dia ela apareceu no meu trabalho; liga para minha casa diariamente tarde da noite; liga constantemente para o meu trabalho, diz que vai contar tudo para a minha mulher. Enfim, eu já terminei esse relacionamento, mas não tenho paz. Se conheço bem minha esposa, ao contar a verdade para ela nosso casamento vai acabar. Eu não consigo relaxar, quando o telefone toca, já fico em pânico; se o interfone toca, saio correndo; na rua, olho para todos os lados. Minha vida perdeu toda a paz. Ultimamente, tenho vivido uma vida de puro estresse, sem saber o que e como fazer. Preciso muito de uma Palavra Amiga.

RESUMO: *Francisco contou para a esposa sobre a ex-amante. Como previsto, a esposa pediu a separação, mas Francisco acredita que com o tempo conseguirá reconquistá-la.*

18

FAZER O CERTO, TAMBÉM É DIFÍCIL

Boa tarde, Heleno. Desde de que cheguei ao Rio de Janeiro ouço o seu programa. Hoje, essa sua amiga ouvinte precisa muito de uma Palavra Amiga.

Tenho 30 anos e gostaria de ser chamada de Fafá. Como já disse, vim para o Rio de Janeiro, pois onde vivia não se tinha muito trabalho. No começo fiquei com uma prima, mas logo aluguei um pequeno apartamento, meu cantinho que tanto adoro. Fiz diversos cursos e hoje estou colhendo os bons frutos de todo esse trabalho, inclusive consigo até ajudar minha mãe e os meus irmãos que lá ficaram.

Tenho passado por um problema que não consigo resolver. Tenho um caso com um homem bem mais velho do que eu, meu chefe, que é casado e tem 2 filhos. Tudo começou quando fiquei doente e me afastei do trabalho. Ele veio me visitar e começou a cuidar de mim. Precisei fazer uma cirurgia e todos os dias ele estava aqui. Trazia alimentos, pagava as minhas contas e colocou uma pessoa para cuidar da minha casa. Fui percebendo que havia interesse da parte dele. Melhorei, voltei ao trabalho e ele sempre me dava carona até em casa. Um dia o convidei para um café, e assim teve início um tórrido caso de amor. Não conseguimos mais nos largar e confesso que ele me ajuda também financeiramente. A vida melhor que a minha família lá no Norte tem hoje em dia se deve a ele.

Minha mãe precisou vir para o Rio de Janeiro fazer alguns exames, e enquanto esteve aqui em casa, decidi contar a ela o que estava acontecendo, não escondi nada. Ela, porém, não aceitou e disse que eu teria que colocar um ponto final nesse caso, pois estava destruindo uma família, e isso era terrível. Disse-me também que, caso quisesse ainda ter mãe, deveria terminar esse absurdo, pois não seria causando a infelicidade de outras pessoas que eu seria feliz. Minha mãe não fala mais comigo. Eu a entendo, mas há coisas na vida que não escolhemos, elas simplesmente acontecem. Nunca tive a intenção de magoar ninguém, tampouco acabar com qualquer família. Amo minha mãe, mas não sei o que fazer, pois também amo esse homem. Preciso muito ouvir uma Palavra Amiga.

RESUMO: *Fafá pensou muito nos conselhos que ouviu dos amigos ouvintes e decidiu pedir demissão do trabalho e encerrar o caso com o ex-patrão; Apesar de não estar sendo fácil, Fafá conseguiu outro emprego e fez as pazes com a mãe.*

19 SEGREDOS QUE NUNCA DEVERIAM SER DESCOBERTOS

Heleno, boa tarde, gostaria que você me chamasse apenas de Nice. Minha vida nunca foi fácil, mas sempre lutei muito e nunca deixei que nenhum problema estragasse o meu dia a dia. Algo acontecido há alguns anos, porém, está sendo devastador, devastador e o que tenho a revelar pode causar muitas consequências ruins na minha vida e na dos meus familiares.

Eu era bem nova quando me apaixonei por um belo rapaz e, apesar da vigilância do meu pai, conseguimos namorar, tudo muito bem escondido, é claro. Meu pai era um homem muito rígido e eu morria de medo dele. Mas, o meu desespero começou quando veio a desconfiança de uma gravidez. Tentei esconder, mas eu passava muito mal e meu pai mandou o médico vir em casa. Logo constatou-se o que eu mais temia: estava grávida. Meu pai ficou muito zangado e mais furioso ainda quando revelei a ele o nome do rapaz. Meu pai fez de tudo para que eu não tivesse esse filho. Até que um dia ele descobriu que eu jogava todos os remédios e chás no lixo. Eu disse que não ia tirar o meu filho de jeito nenhum. Nesse dia ele me colocou para fora de casa tão somente com a roupa do corpo. Minha mãe chorava muito e pedia a ele que não o fizesse. Não satisfeito, ele ainda atirou pedras e mim. Fui procurar o pai do meu filho, mas a família dele não me aceitou, dizendo que também não era a favor desse namoro, que meu namorado havia ido embora e ficaria anos afastado.

Passei alguns dias perambulando na rua, tive fome, frio e muito medo. Mas graças a Deus um casal entrou na minha vida para fazer toda a diferença. Levaram-me para a casa deles que ficava nos fundos de um restaurante. Alimentaram-me, cuidaram de mim, deram-me roupas, levaram-me ao médico. Mesmo estando grávida, e ainda que contra a vontade deles, fiz questão de trabalhar no restaurante, que pertencia a eles, em gratidão. E assim seguiu minha vida. A cada dia a minha barriga crescia mais.

Certo dia eu estava servindo o almoço quando vi meu pai se aproximar de mim. Ele me olhou nos olhos e cuspiu no meu rosto, mas o dono do restaurante o colocou para fora. Foi horrível. Porém, eu estava determinada a ter a minha vida e já não dependia dele para nada. Essas pessoas que me acolheram não tinham filhos e estavam muito ansiosas para ter nos braços o meu bebê.

Nesse meio-tempo conheci o irmão da dona do restaurante. Era uma pessoa maravilhosa, e numa cerimônia simples nós nos casamos. Depois de alguns meses meus filhos nasceram. Eram gêmeos, um menino e uma menina. Depois disso não tive mais filhos. Fomos muito felizes. Depois de muitos anos recebi a visita de minha mãe, que me trouxe a notícia de meu pai, que estava muito doente perto de morrer e queria me ver. Meu marido achou melhor eu ir vê-lo. Meu pai me pediu perdão, e antes mesmo de eu responder faleceu. Achei melhor levar minha mãe para morar conosco.

Depois de alguns dias, ela me revelou algo muito chocante e até hoje não sei como resolver. Ela me disse que na época não sabia de nada; meu pai havia mantido tudo em segredo e só revelara a ela há pouco tempo. Minha mãe me contou que perdoou o meu pai pelo fato de ele estar muito doente e desenganado pelos médicos. Meu pai disse a ela que certo dia tinha bebido demais e encontrara uma mulher no caminho de volta para casa e os dois ficaram juntos. Depois disso essa mulher o procurara e dissera que estava grávida, mas ele não dera atenção. Ela teve o filho, que é meu meio-irmão. Descobri, então, que o pai dos meus filhos é meu meio-irmão.

Não sei o que fazer, pois meus filhos hoje têm 24 anos e sabem que o meu marido não é o pai biológico deles. Devo contar que o pai deles é meu meio-irmão? Não sei o que acontecerá com a cabeça dos meus filhos. Meu marido acha melhor não falar nada, deixar as coisas como estão. Mas acho que os meus filhos têm o direito de saber a verdade.

Preciso muito de uma Palavra Amiga.

RESUMO: *Nice decidiu não contar a verdade em relação à paternidade dos filhos, pois isso só iria trazer sofrimento à família.*

20 NEM SEMPRE O SANGUE FALA MAIS ALTO

Olá, Heleno. Gosto muito do seu programa. Escuto todos os dias, principalmente o quadro Palavra Amiga.

Gostaria de ser chamada de Maura. Tenho 82 anos, e já estou no final da minha vida com um grande problema e um dilema que eu mesma arrumei. Tenho plena certeza de que serei julgada, mas preciso de uma solução.

Há muitos anos eu me apaixonei por um lindo rapaz de situação financeira bem confortável que namorava uma amiga minha. O sentimento por ele foi maior que tudo e não medi esforços para tirá-lo dela. Certa noite, aproveitei que os meus pais não estavam, só voltariam no dia seguinte, eu o levei para a minha casa. Inventei uma desculpa e coloquei na bebida dele remédios para ele dormir; no dia seguinte ficou parecendo que dormimos juntos. Isso, porém, não foi suficiente para conquistá-lo. Depois de algumas semanas decidi dizer que estava grávida. Não teve jeito: ele foi obrigado a se casar comigo. Depois de alguns meses eu ainda não tinha conseguido engravidar e já usava uma barriga falsa. Desesperada, disse ao meu marido que precisa viajar com urgência, pois tinha uma tia que estava muito mal de saúde e precisava estar com ela. Só que essa tia nunca existiu. Sem que minha família soubesse, fui para o interior e lá, com muito dinheiro no bolso, consegui convencer uma moça solteira que estava grávida a me dar o seu filho. Ela aceitou, pois não tinha como criá-lo. Dois meses depois retornei com um lindo menino recém-nascido nos braços. Depois de alguns anos engravidei normalmente e tive os meus próprios filhos. Na verdade, meu casamento não era tudo o que eu imaginava que seria. Eu amava meu marido, mas ele apenas vivia comigo, rodeado de amantes. Anos se passaram, as crianças cresceram, estudaram e se formaram. Há alguns anos, meu marido acabou falecendo sem saber a verdade dos fatos. Fiquei com os meus quatro filhos, e nesses longos anos o único a cuidar de mim e me amar de todo o coração era justamente aquele que não tinha saído de mim. Meus outros filhos eram frios e distantes, só se interessavam por dinheiro, exatamente como eu fora um dia. Como uma surpresa, os meus filhos me disseram que iam me levar para passear e fiquei bastante empolgada. Arrumei-me sem saber que seria levada para um asilo. Quando o meu filho mais velho, aquele que não era meu, soube do que aconteceu, ficou desesperado e brigou com os irmãos. Quase todos os dias ele vem me visitar, e disse que em breve me levará para a casa dele. Na época em que fui colocada no asilo ele estava viajando, mas, se estivesse aqui, jamais permitiria que isso acontecesse. De todos os meus filhos, o único que me ama de verdade não é realmente meu. Estou com câncer, sei que não tenho muito tempo de vida, mas preciso contar tudo o que aconteceu à minha família. Não sei qual será a reação deles e temo perder o amor desse filho que tanto amo. Sei que ainda prestarei contas a Deus por ter sido tão perversa, mesquinha e egoísta. Eu tenho uma amiga aqui no asilo que me aconselha muito, e é ela inclusive que escreve estas linhas – ela é mais nova, tem saúde, e já não tenho mais firmeza nas mãos. Essa amiga acha que eu deveria contar toda a verdade para os meus filhos, para que assim eu possa seguir em paz ao encontro de Deus. Mais ainda tenho medo e dúvidas. Não sei o que fazer. Gostaria muito de uma Palavra Amiga.

RESUMO: *Maura, tomada de coragem, contou tudo para o seu filho mais velho, que não é legítimo. Ele retirou a mãe do asilo, levou-a para a casa dele e pediu que não contasse mais essa história para os irmãos. E prometeu a mãe fazê-la muito feliz no tempo que restasse para ela.*

21 AMORES IMPOSSÍVEIS

Muito boa tarde, meu querido amigo Heleno.

Estou passando por uma fase difícil na minha vida e preciso muito da ajuda dos amigos ouvintes. Gostaria de ser chamada de Beth. Tenho 45 anos.

Há muitos anos conheci um homem muito bom, nós nos casamos e ele já tinha uma filha ainda criança do seu primeiro casamento. Não consegui me entender com a menina, que de ser uma criança era muito rebelde e sempre que podia fazia de tudo para tentar me separar do pai. Foi complicado, mas o meu marido conseguiu enxergar essa situação, e de tanto tentar sem conseguir, acabou desistindo de fazer a filha aceitar a nossa união.

Sem alternativa, ele aceitou a decisão dela de se afastar de nós. Ela ficou anos sem aparecer ou dar notícias, e confesso que fiquei chateada, pois não queria que as coisas seguissem esse rumo. Os anos se passaram e o meu marido, após ficar muito doente, não resistiu, acabou falecendo. Fiz a minha parte e avisei à filha dele o que tinha acontecido, mas ela nem apareceu no enterro dele. Mais uma vez fiquei sozinha.

Fui levando a vida e dois anos depois conheci um rapaz bem mais novo que eu, por quem me apaixonei. Ele é bem responsável, muito trabalhador e nem parece ser 20 anos mais novo que eu. O meu problema começou quando ele veio almoçar aqui em casa e me fez um convite: queria que eu conhecesse a família dele. No começo eu não fiquei muito empolgada, mas a insistência dele acabou me fazendo mudar de ideia.

Para que eu aceitasse com mais facilidade, ele trouxe para minha casa um álbum de fotos da família dele. Heleno, fiquei chocada quando comecei a ver as fotos e descobri que ele é irmão da minha ex-enteada, que me odeia. Não falei nada na hora, mas vai ser um desastre total se eu entrar na casa dela. Quero evitar toda essa confusão, mas não sei como. Ele sempre falou da família, mas nunca dei muita atenção a nomes. Tenho certeza que isso vai abalar o nosso relacionamento, que pode até terminar, pois nesse tempo em que estamos juntos já percebi que ele é muito ligado à família. Apesar de se dizer muito apaixonado, acho que nessa questão quem vai sair perdendo sou eu. Na casa dela eu não vou mesmo. Estou sem coragem de contar o que descobri para ele. Não sei o que fazer. Acho complicado pedir a ele que desista. Ajude-me, preciso muito de uma Palavra Amiga.

RESUMO: *Beth tomou coragem e resolveu contar o que descobriu ao namorado. Ele entendeu ser muito difícil a família aceitar essa situação e achou melhor cada um seguir o seu caminho.*

Heleno, gosto muito do seu programa.

Eu não posso revelar meu nome, por isso gostaria de ser chamado de Almir. Há alguns anos eu morava em Minas Gerais e conheci uma garota que tinha acabado de se mudar para perto da minha casa. Depois de algum tempo nós começamos um namoro e ela acabou engravidando. Nesse tempo eu estava com as malas prontas para vir para o Rio de Janeiro.

Eu havia ganhado uma bolsa de estudos e um emprego me esperava, não podia desperdiçar essa oportunidade. Minha namorada entendeu. Minha mãe não gostou, achava que eu tinha que ficar e assumir minha responsabilidade. Mas prometi estar sempre presente quando possível.

Sempre que eu tinha uma folga eu voltava para Minas, e numa dessas viagens minha namorada me disse que esperava gêmeos. Confesso que não me empolguei muito. O tempo passou, as crianças nasceram e eu fui sumindo aos poucos. Quase já não ia mais visitá-los, sempre arrumava uma desculpa para não estar lá. Minha mãe não se conformava com essa minha atitude.

Aqui no Rio conheci uma pessoa e foi muito difícil conquistá-la. Foram meses tentando e fazendo de tudo para ter essa mulher. Finalmente começamos um namoro e eu me apaixonei perdidamente. Fomos morar juntos. Nunca disse a ela o quanto eu fui canalha pelo fato de abandonar minha ex-namorada e meus filhos. Minha mãe queria contar tudo, mais eu nunca deixei e ameacei por diversas vezes nunca mais aparecer caso ela contasse o que eu tinha feito.

Heleno, eu não queria colocar o meu relacionamento em risco, eu amo a minha esposa e não queria que nada atrapalhasse a nossa vida. Há algumas semanas minha mãe me ligou e disse que estava cuidando de meus filhos, pois minha ex-namorada estava muito doente. Dois meus filhos, dois dias depois a mãe dos meus filhos morreu. Minha mãe disse que a partir de agora a responsabilidade de educar e criar os meus filhos é minha, e se a minha atual mulher não aceitar o problema é meu. Não sei como contar isso para minha esposa. Ela provavelmente não aceitará essa situação, nem fato de eu ter escondido a existência dos meus filhos. Acho tudo muito difícil porque a minha mulher nunca quis ter filhos, ela foi bem clara comigo antes de morarmos juntos. Disse que não gostaria de se sentir responsável por ninguém, e isso nunca saiu da minha cabeça. E agora, o que devo fazer? Acho que se eu falar a verdade para minha esposa vou perdê-la. Ajudem-me, preciso muito ouvir uma Palavra Amiga.

RESUMO: *A esposa do Almir ficou sabendo de tudo o que aconteceu através da sogra. Conheceu as crianças e apaixonou-se por elas. Quer criá-los como filhos, mas ainda hoje condena a atitude do marido em ter sido tão ausente na vida deles.*

23 FILHO COM CARÁTER DUVIDOSO

Heleno, não perco nenhum dia desse maravilhoso programa. Queria ser chamada de Clara. Estou passando por maus pedaços, não tenho com quem me aconselhar e vi no quadro Palavra Amiga a solução para esse problema.

Sou casada há mais de 20 anos e tenho dois filhos. Meu marido é uma pessoa muito difícil, não consigo manter um diálogo com ele, é muito bruto. Lembro que quando os meus filhos eram menores e aprontavam ele nunca conversava, começava a bater logo nos dois, era um horror. Vivíamos com medo e eu acabava encobrindo muitos fatos que aconteciam na nossa casa, para evitar mais confusão. Mas reconheço que errei muito agindo assim, pois um dos meus filhos se tornou um mentiroso.

Descobri que meu filho mais velho fingiu estar doente para não estudar nem trabalhar, e com isso começou a inventar vários exames que conseguiu falsificar, de modo a atestarem uma doença grave. Com isso, pôde tirar dinheiro do pai e garantir para si o que lhe rendia uma boa vida aqui em casa. Com isso, porém, meu marido, muito triste por acreditar ter um filho doente, passou a ser mais compreensivo, mais dedicado, enfim, mudou para muito melhor. Só descobri a verdade quando um amigo de meu filho, responsável pelas falsificações, veio aqui em casa cobrar uma dívida, pois não tinha recebido o dinheiro. Heleno, fiquei arrasada, decepcionada. Acabei pagando o rapaz e pedi que ele não dissesse para o meu filho que eu sabia de tudo.

Ele chega em casa com a maior cara de pau dizendo que não está se sentindo bem, que tem a impressão que viverá pouco tempo. A minha vontade é de dar-lhe uma boa surra de vassoura e expulsá-lo daqui de casa. Mas sou mãe, como eu iria dormir sabendo que o meu filho não tem aonde dormir, nem o que comer? Se o meu marido descobrir essa falsa doença para garantir a vagabundagem dele, nem sei o que acontecerá aqui em casa.

Sei que essa situação não pode se prolongar, mas não sei como resolvê-la sem colocar a casa abaixo. A reação do meu marido é o que mais me assusta, pois tenho quase certeza que ele colocará o nosso filho para fora de casa – eu mesma já tive vontade de fazer isso, mas como já mencionei, sou mãe. Sei que errei na criação dos meus filhos, passei muito a mão na cabeça deles, mas não esperava tamanha decepção. Ficarei muito agradecida se puder contar com a ajuda dos ouvintes, sempre tão prestativos. Heleno, preciso muito ouvir uma Palavra Amiga no seu programa.

RESUMO: *Clara se encheu de coragem e conversou com o marido. Para surpresa, ele também admitiu ter errado bastante na educação dos filhos, e, juntos, decidiram buscar uma solução para resolver esse problema.*

24

O AMOR DE UM HOMEM E A FAMÍLIA

Desde que cheguei ao Rio de Janeiro, fui apresentado pelo meu tio ao seu programa e não consegui mais deixar de escutá-lo. Heleno, eu gostaria de ser chamado de Luís.

Depois de perdermos tudo com as chuvas no Sul, toda a minha família veio para o Rio de Janeiro. Meus pais são muito trabalhadores, e aos poucos conseguimos refazer a nossa vida aqui. Trabalho com o meu pai e estou no último ano da faculdade, logo estarei me formando. Estou muito transtornado com a situação pela qual tenho passado. Estou muito dividido e preciso muito ouvir uma Palavra Amiga.

Heleno, como já mencionei, trabalho com o meu pai num pequeno mercado que pertence à família. Há uns dois meses, uma senhora, freguesa nossa desde que abrimos, veio ao mercado e me pediu que levasse as compras dela em casa. Levei-as, e lá chegando me deparei com uma linda moça que nunca tinha visto. Ela disse que era a filha da nossa freguesa e que tinha chegado da casa da madrinha, onde morava. Perdi-me no tempo, fiquei horas conversando com ela. Depois de alguns dias criei coragem e a convidei para jantar. Foi maravilhoso. Ela é muito educada, inteligente, está está prestes a se formar também. O clima ficou bastante romântico. Posso dizer que foi amor a primeira vista.

Depois de alguns dias começamos a namorar, e estamos muito felizes. O problema começou quando eu tive a ideia de levá-la para conhecer os meus pais, pois queria que ela soubesse que as minhas intenções são boas. Minha mãe fez uma mesa de lanche. Fui buscá-la, mas quando cheguei meus pais a olharam com uma cara de decepção tremenda. Quase morri de vergonha, não sabia o que fazer. Ela, percebendo não ter agradado, gentilmente arrumou uma desculpa e foi embora. Fui atrás dela para me desculpar, mas ela me disse para darmos um tempo. Voltei para casa muito triste, conversei com os meus pais e fiz uma descoberta terrível: eles são racistas. Nunca desconfiei de nada, não fui criado assim. Diretamente eles não me disseram que o motivo era a cor da pele da minha namorada, mas notei na hora em que a minha mãe olhou para ela.

Heleno, tenho 24 anos, quero muito me formar e construir ao lado dela um futuro bacana, mas está muito difícil.Minha família não a aceita de jeito nenhum. Fui procurá-la para conversar e ela me disse que ficou um pouco assustada. Apesar de saber que existe muita gente racista ela não pensou que a minha família seria assim, pois os meus pais sempre trataram ela e a mãe muito bem quando iam ao mercado. Na verdade, estou muito envergonhado com essa situação. A mãe dela ficou sabendo e até parou de ir fazer compras no nosso estabelecimento. Nós não voltamos a namorar, estamos só conversando. Quero continuar com esse relacionamento, mas ir contra a família... Somos tão unidos. Meu tio, irmão do meu pai, disse-me que estarei criando um grande problema para o futuro. Heleno, não sei o que fazer. Amo a minha namorada, amo minha família. Como se resolve uma situação dessas? Por favor, preciso de alguns conselhos do Palavra Amiga.

RESUMO: *Luís confrontou os pais e fez valer a sua opinião. A família aos poucos está aceitando a futura nora.*

25 SEGREDOS DE FAMÍLIA

Heleno, sou sua ouvinte há pouco tempo, mas adoro seu programa. Gostaria de ser chamada de Jane. Tenho 28 anos. Há alguns anos vim morar na casa dos meus tios, pois onde eu morava não havia oportunidade de emprego e a escola era bem precária. Meus tios têm uma filha com a mesma idade que eu. Somos muito amigas e contamos tudo uma para outra. Certo dia quando conversávamos, minha prima disse que jamais esconderia algo de mim, independentemente do que fosse, pois nossa amizade tinha que ser sincera e sem assuntos mal resolvidos. Concordei na hora, e pedi que ela fizesse o mesmo, nunca me escondesse nada. Foi praticamente um pacto. E assim foi indo, éramos cúmplices.

Meus tios foram viajar, e minha prima foi junto, mas eu não pude ir, pois teria uma prova muito importante no dia seguinte. Alguns dias mais tarde, quando voltavam para casa, sofreram um acidente de carro terrível. Meu tio teve diversas fraturas expostas, minha tia foi a que menos se machucou, só quebrou um braço, mas a minha prima, nossa... Ela se feriu muito, precisou de muitas cirurgias. Foram meses de internação. Foi muito difícil esse momento para todos nós. Mas, pela graça de Deus, minha prima voltou para casa sem nenhuma sequela, um verdadeiro milagre.

Enquanto minha prima esteve internada, houve momentos em que os médicos não davam muita esperança para ela, o que deixava minha tia desesperada. Num desses momentos, ela me falou algo que eu não acreditei. Disse que nunca tinha conseguido engravidar, mas conhecera uma mulher que estava dando uma criança em troca de dinheiro. Tudo foi feito legalmente, e minha tia pagou muito dinheiro a essa mulher, que depois de anos morreu por overdose. Acredito que a minha tia só me revelou isso por achar que a minha prima não iria resistir. O mais incrível é que a minha prima se parece muito com os pais, nunca despertou suspeita de ninguém. Minha tia veio conversar comigo e me pediu que não falasse nada com a minha prima, fez-me prometer. Estou numa encrenca. Prometi à minha prima que nunca esconderia nada dela, que fosse o que fosse, seríamos sempre sinceras uma com a outra. Eu até falei isso com a minha tia, mas ela a começou chorar, e isso me destruiu. Fico aqui pensando até que ponto eu tenho que manter essa promessa... É certo eu esconder esse fato da minha prima? Não tenho conseguido dormir, estou me sentindo como se estivesse traindo alguém. O que faço, Heleno? O que a família Tupi tem a me dizer?

RESUMO: *Jane, sentindo-se muito culpada pelo fato de ter que omitir um grande segredo, preferiu se afastar da família, e pediu à tia que um dia conte a verdade para a filha.*

26 MÃE SUSTENTA AMANTE

Boa tarde, querido Heleno Rotay, não perco um dia do seu programa. Prefiro não revelar meu nome, chame-me apenas de Cida. Voltei a morar na casa dos meus pais. Casei-me muito cedo e meu marido faleceu pouco tempo depois do nosso casamento, mas continuei morando na nossa casa e trabalhando; não tivemos tempo de ter filhos. Não senti necessidade de refazer a minha vida sentimental, preferi ficar sozinha mesmo. Há pouco tempo meu pai adoeceu e minha mãe sozinha não dava conta. Por isso resolvi voltar para casa dos meus pais. Minha mãe não poderia passar por tudo isso sem que eu estivesse presente. Notei que a minha presença fez o meu pai melhorar um pouco. Os dias foram passando e minha mãe mais animada retomou sua rotina. Acabei decidindo ficar definitivamente com eles.

Certo dia fui ao mercado fazer compras e na saída vi minha mãe numa lanchonete à mesa com um homem. Ele segurava a mão dela. Eu não o conhecia, achei muito estranho. Na hora pensei até que ela estava sendo assaltada ou sequestrada, e fui imediatamente falar com ela. Minha mãe ficou sem graça e me apresentou o homem como amigo. Porém, vi no dedo dele um anel que pertencia ao meu pai. Fiquei indignada. Cheguei em casa e minha mãe chegou minutos depois. Logo começamos uma discussão terrível, isso longe dos ouvidos do meu pai. Descobri que minha mãe, além de ter um caso com esse homem, também o sustenta. A desculpa dela mãe é que o meu pai já não a satisfazia sexualmente.

Eu não acredito nisso, meu pai sempre foi um homem saudável, trabalhador, carinhoso, honesto e apaixonado pela minha mãe. Na minha opinião isso é safadeza dela para continuar com as suas puladas de cerca. E o pior: fica dando as coisas do meu pai para esse sujeito.

Certo dia, meu pai reclamou a falta de um relógio dele, e minha mãe acabou mandando a empregada embora. Eu até dei razão a ela, mas agora pensando melhor, tenho certeza que ela deu o relógio de presente para o amante. Eu não quero falar com o meu pai, fico com muito medo do que pode acontecer com a saúde dele. Minha mãe já disse que não vai largar de jeito nenhum o amante. Estou muito decepcionada, não esperava isso dela. Pretendo ficar na casa dos meus pais, pois não confio em deixar a minha mãe sozinha com o meu pai. Talvez ela não tenha mais aquele carinho e cuidado com ele. Eu nem estou falando com ela, e meu pai está muito desconfiado, a toda hora me pergunta o que houve. Não sei ainda o que fazer, o que dizer. Estou num momento bem complicado. Preciso muito ouvir uma Palavra Amiga.

RESUMO: *Depois de ouvir os amigos ouvintes do Palavra Amiga, Cida resolveu conversar mais uma vez com a mãe. Ambas decidiram que manteriam as aparências pela saúde do pai, e que a mãe de Cida daria um tempo na relação com o amante.*

27 DECISÕES ERRADAS NO PASSADO

Boa tarde, Heleno. Estava muito ansiosa para participar do seu programa. Você é um show mesmo. Gostaria de ser chamada de Telma.

Aos 15 anos eu perdi a minha virgindade com um namorado e a minha família ficou contra mim. Antigamente a família até expulsava de casa a filha que fizesse uma coisa dessas. Fiquei trancada em casa até dar à luz. Minha filha nasceu e foi dada para a minha cunhada para ser criada como filha dela. Vendo o meu sofrimento, ela me deu a minha filha para eu batizar e até me deixou escolher o nome dela. Mas, eu jamais poderia dizer que era a mãe dessa criança. Até porque, Heleno, seria muito difícil naquela época eu conseguir um marido já com uma filha nos braços. Aos 17 anos me casei com um homem de muitas posses, de uma família muito tradicional. Tive três filhos com o meu marido, e sempre fiquei perto da minha filha, acompanhando sua criação e seu crescimento, ela foi muito amada por todos. Não teria uma pessoa melhor para cuidar dela, minha cunhada foi uma bênção em minha vida. Minha filha passa as férias do trabalho aqui comigo, ela se tornou uma linda mulher. Para o meu orgulho ela se formou em Medicina. Ela se casou, mas não deu certo, acabou se separando. Ela é independente, mora sozinha e trabalha muito. O que está me deixando muito preocupada é que nas últimas férias que ela veio para cá, um dos meus filhos se mostrou interessado por ela. Por mais que eu tentasse afastá-los, nada adiantava. Até briguei com meu filho, que não entendeu nada. Muitas vezes, vejo que eles estão ao telefone, trocam e-mails diariamente. Falei com a minha cunhada, ela disse para eu não contar nada e arrumar um jeito de separá-los. Tenho que falar, mas não sei como, isso não pode levar muito tempo, pois eles podem se encontrar e quem sabe o que pode acontecer?

Minha cunhada não vai me perdoar, meu marido jamais aceitará que eu tenha escondido algo tão importante dele. Não sei o que fazer, nem por onde começar a tentar resolver esse problema. Minha mãe, que ainda é viva e mora conosco, disse que tudo isso pode acabar muito mal, que se ela soubesse jamais teria dado a minha filha para adoção, mesmo que fosse para a minha cunhada. Preciso muito de uma Palavra Amiga.

RESUMO: *Telma não conseguiu guardar esse segredo, reuniu a família e contou tudo o que tinha acontecido. O marido da Telma ficou chateado pelo fato de ela esconder a filha e disse que casaria com ela da mesma forma e amaria a filha como se fosse dele. A filha da Telma, quando soube da verdade, ficou chocada, mas está reagindo bem e disse que agora tem duas mães. A cunhada ficou bem aborrecida, mas Telma sabe que com o tempo tudo se ajeitará.*

28 MARIDO INSENSÍVEL

Heleno, minha família adora você e seu programa. Faço questão de ser chamada pelo meu nome mesmo, me chamo Isadora, tenho 35 anos, sou casada e atualmente vivo um momento delicado. Escrevo para você porque confio muito nos conselhos das pessoas que participam do seu programa. Depois de sete anos de casada e muito tentar acabei engravidando, foi a nossa realização, os primeiros meses foram os melhores. Nunca me senti tão amada por um homem na minha vida. Há poucas semanas descobri que o meu bebê é uma menina, que tem síndrome de down. Também foi diagnosticado um problema no coração dela. Fiquei muito triste, meu marido arrasado. Mas, na minha cabeça tudo pode ser resolvido. O médico nos disse que provavelmente ela fará vários exames no coração, e quando estiver forte o suficiente, dependendo do que for, ela será operada. Heleno, depois disso achei que o meu marido me daria a maior força, afinal sou eu quem está grávida.

Ele chega em casa todos os dias de cara feia. Mudou completamente comigo, não faz questão nenhuma de saber como vai indo a gravidez, nem pergunta. Já tentei conversar, mas ele acaba me largando sozinha, parece até que está me punindo por eu ter uma filha assim, como se a culpa fosse minha. Nosso relacionamento, desde que isso aconteceu, não é mais o mesmo. Eu sei que ele quer se separar de mim, mas não toco muito nesse assunto. Semana passada eu o chamei para comprar os móveis do quartinho da nossa filha, mas ele simplesmente disse que eu fosse sozinha, qualquer coisa estaria bom. Minha sogra se faz de fria também com a neta, antigamente ligava todos os dias para saber como eu estava, nem lembro quando foi à última vez que falei com ela. Os meus pais estão ansiosos para pegar nos braços a netinha, independente de como vier. É isso, essa atitude dos meus pais é que me dá forças, e peço a Deus que tudo dê certo para a minha filha.

Minha vontade é de me separar mesmo. O meu marido ultimamente tem feito algo que me irrita: ele espera eu ir dormir e vai para o outro quarto da casa. Quando pergunto, ele diz que dorme melhor sozinho. Outro dia senti cheiro de perfume na roupa dele, mas não perguntei nada. Meus pais dizem para eu ter um pouco mais de paciência com o meu marido. Eu não sei de verdade o que fazer da minha vida, tenho medo de tomar alguma atitude e me arrepender depois. Gostaria muito de ouvir uma Palavra Amiga.

RESUMO: *Depois de ouvir os conselhos do Palavra Amiga, Isadora decidiu se separar do marido e ter um final de gravidez em paz com os pais dela. O ex-marido de Isadora já está vivendo com outra mulher.*

29 CASAMENTO QUASE PERFEITO

Heleno, sempre escutei você nessa rádio maravilhosa, participei diversas vezes do seu programa, e hoje, quem precisa de ajuda sou eu. Queria ser chamada de Lúcia.

Estou muito indecisa. Minha família acha que o mais certo é o afastamento, a separação mesmo.

Quando me casei, queria que fosse para a vida inteira, pois amava demais o meu marido, e sempre soube que ele me amava também. Assim que nos casamos, decidimos não ter filhos no começo, para que pudéssemos trabalhar e comprar a nossa casa. Depois de seis anos de casados, ainda pagávamos o financiamento do nosso imóvel, e acabei engravidando, não parei de trabalhar, combinei com meu marido que assim que o nosso filho nascesse eu iria parar de vez, pois o que ele ganhava era o suficiente para a nossa nova família. E foi assim mesmo que aconteceu. Meu marido trabalhava numa ótima empresa e tinha um cargo de muita responsabilidade. Com ele trabalhava uma assistente que logo foi embora – o marido dela era militar e foi transferido; ela logicamente foi junto. Meu marido precisou de uma nova assistente e a empresa contratou uma moça que tinha um filho. Ela era excelente profissional, só que faltava muito, a babá que tomava conta do filho dela sempre a deixava na mão, e meu marido reclamava o tempo todo. Como ela morava aqui perto, ofereci-me para tomar conta do filho dela; no final do expediente ela passaria aqui e pegaria o filho. Assim, durante muitos meses fiquei de babá, mas o filho dela era bem quietinho e não me dava trabalho nenhum. Numa noite bem chuvosa meu marido se atrasou muito, eu já estava preocupada. Ele sempre dava a ela para vir buscar o filho, mas naquele dia demoraram demais. Achei que tinha acontecido alguma coisa. Lá pelas tantas, porém, eles chegaram. Perguntei por que não atendia ao telefone e ele me disse que a bateria havia desligado, que teve um trabalho extra, em cima da hora para fazer e não pôde me avisar. Fiquei chateada, mas tudo bem. Dias mais tarde, a assistente do meu marido apareceu em minha casa na hora do almoço para buscar o filho. Perguntei o que aconteceu e ela me falou que foi demitida. Conversei bastante com ela e disse para não se preocupar que eu falaria com o meu marido e tudo ia se acertar, ela me contou que ele também fora demitido. Não me revelou o motivo, agradeceu-me e foi embora. Quando o meu marido chegou, eu sabia de tudo, mas não entendi o motivo da demissão. Ele achava que eu sabia e começou a me pedir perdão, que isso nunca mais iria acontecer. Sem entender, perguntei o que estava acontecendo. Ele disse que a carne é fraca e coisas do tipo. Quando ele percebeu que eu desconhecia o motivo da demissão, tentou fazer aquele remendo, mas não colou. Pedi que ele usasse de sinceridade comigo e, sem alternativa, ele confessou que foi pego transando na sala dele com a assistente, por isso foram demitidos os dois por justa causa. Eu fiquei sem chão, achei que era brincadeira. Quando percebi que era verdade, pedi que ele fosse embora imediatamente. Sofri muito. Ele vem aqui quase sempre com a desculpa de visitar o filho e acaba me pedindo para voltar, para tentarmos recomeçar, pois errar é humano; pede em nome do nosso filho que eu o aceite de volta. Heleno, estou procurando emprego para poder pagar as contas, já que ele continua desempregado e não pode colaborar muito. Confesso que aquele amor que eu sentia por ele ainda existe, só não sei o tamanho desse sentimento. Não sei se sou capaz de esquecer algo tão grave. Preciso muito ouvir uma Palavra Amiga.

RESUMO: *Lúcia não conseguiu perdoar o marido, mas mantém contato diariamente com ele por causa do filho. No futuro, talvez, ela consiga aceitar o que aconteceu e recomeçar o seu casamento. Por enquanto, ela diz que foi muito grave o que ele fez.*

Gostaria de ser chamada de Beth.

Agradeço este espaço em seu programa, assim conseguimos desabafar, e muitas vezes seus ouvintes conseguem ter a solução dos nossos problemas.

Heleno, em minha casa vivíamos eu, meu pai e minha mãe. Meu pai era pedreiro, trabalhava o tempo todo, como dizem: de sol a sol. Nunca deixou minha mãe trabalhar fora, dizia que trabalhava assim para que não faltasse nada em casa. Certo dia meu pai sofreu um acidente e, infelizmente, não sobreviveu. Minha mãe começou a lavar e passar roupas para fora, fazia faxinas e pequenos consertos em roupas. A vida ficou muito difícil para nós duas, eu continuava estudando e ajudava minha mãe no que podia. Certo dia cheguei do colégio e encontrei minha mãe caída no chão. Fomos para o hospital e o médico me disse que ela sofrera um derrame, e que, devido à demora em socorrê-la, estava com diversas sequelas. Para sustentar a casa, o tratamento da minha mãe e os remédios, tive que largar os estudos, percebi que um emprego só não dava. Heleno, eu trabalhava o tempo todo, mas mesmo assim o dinheiro não pagava todas as contas. Uma pessoa conhecida, vendo tudo isso, disse-me que eu poderia ganhar muito e trabalhar bem menos. Fui ver que tipo de trabalho era esse. Heleno, era uma termas de luxo. Confesso que não fiquei em dúvidas: aceitei. Realmente comecei a ganhar muito dinheiro e finalmente pude dar uma vida de melhor qualidade para minha querida mãezinha. Com a saúde debilitada, veio o segundo derrame. Deus levou minha mãe para junto do meu pai, e fiquei só.

Decidida, larguei o trabalho na termas, voltei a estudar, arrumei um emprego como recepcionista de uma clínica médica; o dinheiro que guardei, investi em dois imóveis. Passado algum tempo, conheci o meu atual marido. Tivemos dois filhos, e a vida estava realmente maravilhosa. Até que um dia, meu marido me levou a uma festa na casa de um dos diretores da empresa em que ele trabalhava. Quando chequei, para minha surpresa o aniversariante era um dos meus ex-clientes. Heleno, o chão se abriu sob meus pés, fiquei desesperada, ele me reconheceu. O que acontece atualmente é que essa pessoa tem me procurado, e insiste que eu mantenha um relacionamento com ele. Caso eu não aceite, ele mostrará algumas das fotos tiradas na termas em ocasião de uma festa que aconteceu lá. Além de tudo, disse-me que o lugar do meu marido na empresa poderia ficar vago de uma hora para outra.

Heleno, não sei o que fazer, meu marido e a família dele sempre foram muito conservadores. Já foi um sacrifício danado eles me aceitarem. Na época, eu morava sozinha e não era mais virgem. Tive que provar que era honesta.

Heleno, não consigo dormir, comer nem viver em paz. Preciso muito de uma palavra amiga, não sei o que fazer. Conto com a ajuda dos seus ouvintes.

Um grande abraço e muito obrigado!

RESUMO: *Cansada de ser chantegeada pelo ex-cliente, Beth conversou com o marido, explicou toda a situação que a levou a ter aquele tipo de vida. O marido mudou de emprego e apenas pediu a ela que não contasse nada para a família dele, pois esse assunto só interessa aos dois.*

31 MARIDO MUDA A PREFERÊNCIA SEXUAL

Heleno, parabéns pelo programa. Sou ouvinte da rádio Tupi há uns 15 anos, estou muito feliz por você.

Heleno, eu não posso revelar o meu nome, mas você e seus ouvintes podem me chamar de Paula.

Casei-me aos 19 anos, com todos os sonhos de uma moça e muito, muito apaixonada pelo meu marido. Meu casamento foi perfeito, tudo aconteceu como eu imaginava. Parecia que eu vivia um conto de fadas. Meu marido correspondia a todas as minhas expectativas e dessa união nasceram quatro lindos filhos. Heleno, o meu amor pelo meu marido a cada dia aumentava.

Nosso filho caçula sofre de bronquite, e as crises algumas vezes me faziam dormir no quarto dele. Quando meu filho melhorava, eu voltava a dormir no quarto com meu marido. No entanto, comecei a perceber que ele se sentia incomodado com a minha presença. Cheguei a pensar que eu estava imaginando coisas. Como a nossa casa é muito grande, comecei a dormir em um outro quarto. É, Heleno, eu não estava errada, a minha presença não era mais bem-vinda. Conversei com meu marido, ele me disse que não era isso, que ele simplesmente ficaria mais à vontade dormindo sozinho. Confesso que fiquei chateada. Mas, quando se ama, releva-se certas coisas. Mudei-me de vez para outro quarto.

Nossa vida sexual foi deixando de existir, até que acabou. Meu marido sempre estava estressado, cansado, dizia sentir dores no corpo, enfim, tudo que pudesse evitar uma noite normal entre casais.

Achando que estava vivendo uma crise conjugal, comecei a pensar em algumas maneiras de reaver meu casamento. Decidi ir ao trabalho dele e convidá-lo para almoçar. Chegando lá, a secretária me informou que o meu marido tinha saído para visitar um cliente. Fui para a sala dele, e sem ter o que fazer para passar o tempo, comecei a mexer no computador. Heleno, fiquei apavorada: havia fotos e declarações de amor do meu marido com outra pessoa, e o pior, era outro homem. Controlei-me ao máximo, desliguei o computador e fui para casa.

Amo demais o meu marido e eu ainda não toquei nesse assunto com ele. Na verdade, temo que ele vá embora. Continuo vivendo com ele como se nada tivesse acontecido, mas, sempre que olho nos seus olhos me pergunto por que ele fez isso conosco? Acho que ele percebe que eu sei de alguma coisa, mas não fala nada. Heleno, penso o quanto seria complicado explicar essa situação para os nossos filhos. Não sei bem o que fazer, preciso ouvir uma Palavra Amiga. Conto com a sua colaboração e a dos seus ouvintes também.

Um abraço e obrigada!

RESUMO: *Paula ouviu os conselhos do Palavra Amiga e resolveu revelar ao marido o que descobriu. Os dois conversaram muito e decidiram viver na mesma casa, em quartos separados, pelo bem da criação dos filhos. Pelo amor que ainda sente pelo marido, Paula aceitou essa situação.*

Boa tarde, Heleno. É um prazer tê-lo em minha casa todas as tardes. Adoro o seu programa.

Meu nome é Marizete, mas quase ninguém sabe, pois todos me tratam pelo meu apelido de infância. Tenho 53 anos e sou viúva. Nunca tive filhos, mas meu marido e eu nunca procuramos saber se o problema era meu ou dele; tomamos essa decisão na época para que no futuro não ficássemos nos culpando, o que poderia atrapalhar o nosso relacionamento, que era muito bom. Depois de 22 anos de casamento, meu marido faleceu. Foi muito difícil prosseguir sem ele, mas o tempo tudo ajeita. Graças a Deus, minha casa é própria. Meu marido era militar e deixou-me uma boa pensão; não tenho do que reclamar.

Heleno, o que está me deixando preocupada é o seguinte: tenho uma amiga, que é tão minha amiga, que a considero como se fosse alguém da minha família. Ela sempre esteve presente na minha vida, ajudou-me a superar diversos problemas. Não consigo imaginar minha vida sem suas palavras, seus conselhos e até suas broncas. Mas algo aconteceu, e confesso que estou atordoada e precisando, urgentemente de uma Palavra Amiga. Os seus ouvintes são ótimos, eles veem os nossos problemas por um ângulo que, às vezes, não vemos, pois estamos tão preocupados em resolvê-los que nos desesperamos e não encontramos o caminho certo a seguir.

Heleno, essa minha amiga é casada, mãe de dois filhos. O mais velho tem 22 anos, e a mais nova 17 anos.

Há mais ou menos um mês, ao chegar em casa, vi o filho dessa minha amiga sentado na calçada em frente à minha casa. Percebendo que ele estava chateado, convidei-o a entrar e começamos a conversar. Ele me disse que não aguentava mais a mãe dele, que a convivência estava se tornando insuportável, pois ela quer decidir tudo. Ele reconhece todo o amor e carinho dos pais, mas reclama de tanta cobrança, diz que trabalha para se sustentar, paga os seus estudos e não vê razão para esse tipo de coisa continuar acontecendo. Na intenção de ajudar, sugeri que ele ficasse uns dias aqui em casa, e fui conversar com a mãe dele. Não consegui que ela entendesse as razões dele e contivesse a sua autoridade. Mas, pelo menos, ela ficou de pensar no assunto. Heleno, os dias foram passando e comecei a notar um olhar meio estranho dele. Fiz-me de tonta, mas ele começou a demonstrar muito carinho comigo, ajudava-me nas tarefas de casa. Certa noite, não resisti e acabei correspondendo. Passamos a dormir juntos e ele não quer mais ir embora. Confesso que estou muito feliz e gostando muito dele, sei que quem não vai gostar nada disso é a mãe dele. Inclusive ela já anda perguntando quando ele vai voltar para casa. Já tentei algumas vezes tocar no assunto, mas não consigo. Tenho medo que a nossa amizade acabe, pois pelo que conheço dela, jamais aceitará essa situação. Acho que tenho o direito de ser feliz. Não sei mesmo o que fazer. Por isso, escrevi para o seu programa, na esperança de buscar uma resposta, uma solução, uma Palavra Amiga.

Heleno, muito obrigada.

RESUMO: *Marizete contou a verdade para amiga. Houve uma briga e elas não se falam mais. O filho da amiga visita a mãe, mas também acha que essa amizade nunca mais vai se refazer.*

33 ENGANADO A PRÓPRIA MÃE

Como vai, Heleno?

Eu gostaria de ser chamada de Maria. Aqui em casa somos ouvintes, fãs e seus eleitores também.

Heleno, eu era casada, tenho três filhos. Meu marido nos abandonou, nunca mais nos procurou e acabei assumindo sozinha a casa e os filhos. Tenho uma irmã que se separou e veio morar com a gente, ela me ajuda muito, é uma ótima pessoa.

Heleno, muitas vezes passo a noite na máquina de costura, para que não falte nada para os meus filhos. Minha filha mais velha tem 18 anos, ela estuda e faz enfermagem à noite, os outros são meninos e só estudam.

Semana passada eu fui até Copacabana, visitar algumas clientes e pegar algumas encomendas. Não resisti e fui andar um pouco pelo calçadão. Depois de uma boa caminhada, sentei numa cadeira de um quiosque – há anos eu não fazia isso.Já era noite, e fiquei observando umas meninas com poucas roupas no corpo se prostituindo. Para o meu desespero, uma dessas meninas era a minha filha, Heleno. O susto foi tão grande que eu não consegui sair da cadeira, fiquei transtornada. Ela acabou entrando no carro de um desconhecido. Heleno, entendo que certas moças façam isso por necessidade, por imposição da vida mesmo. Mas a minha filha, não! Eu me matava de trabalhar para dar uma vida digna a ela.

Heleno, eu nunca desconfiei. Alguns dias da semana ela me falava que ia dormir na casa de uma amiga, que inclusive às vezes vinha aqui em casa, me chamava até de tia. Ela dizia que ia dormir na casa dessa menina, porque o curso terminava tarde, e ela tinha medo de voltar para casa. Muitas vezes eu até falei para ele que eu ia buscá-la, mas ela dizia que não precisava. Ela sempre me ligava pra dizer que estava tudo bem, que já ia dormir, até colocava a amiga para falar comigo. Heleno, era tudo muito bem feito.

Aquele foi o pior dia da minha vida, nem sei como consegui chegar em casa. Sinto-me mal, pois não sei aonde errei; sinto-me fracassada. Mesmo assim, vasculhei os pertences dela e encontrei, no fundo de uma gaveta, uma caderneta de poupança com uma quantia alta. Dinheiro sujo. Mas não sei o que ela pretende, ainda não conversei com ela. Não sei o que fazer, de que maneira falar e o que dizer. Heleno, tenho medo de perder o controle e agredi-la ou algo pior.

Ajude-me, por favor, quero saber o que os nossos amigos ouvintes podem me aconselhar. Preciso muito de uma Palavra Amiga, estou a ponto de fazer uma besteira.

RESUMO: *Maria resolveu seguir os conselhos ouvidos no Palavra Amiga e conversou com a filha. Decidida a continuar se prostituindo, ela saiu de casa e disse à mãe que gostava dessa vida, que jamais ficaria num emprego de que ganhasse pouco e não pudesse ter tudo no qual gostava. Maria ainda tem esperança de que a filha mude de ideia e volte para casa.*

34 MEU FILHO, MINHA VIDA; MEU MARIDO INCOMPREENSIVO

Olá, Heleno, como vai? Espero que Deus continue abençoando você e seus colegas de trabalho, que fazem da Tupi essa rádio que é uma família de verdade.

Tenho 59 anos, meu nome é Ester. Meu marido tem 66 anos, é aposentado e somos casados há 40 anos. Lutamos com muito sacrifício e graças a Deus o nosso único filho sempre correspondeu: estudou, formou-se e é o meu orgulho. Mora sozinho desde os 20 anos de idade, é um filho maravilhoso, nos ajuda muito, paga o nosso plano de saúde, que você sabe não é nada barato.

Heleno, há uns cinco anos atrás, meu filho veio conversar comigo e contou-me sobre sua preferência sexual, disse que não sente nenhuma atração por mulheres. Confesso que na hora fiquei paralisada, muito mais pelo fato de saber que o meu filho, meu único filho ia sofrer com o preconceito das pessoas. Na minha opinião, isso é um defeito, nem uma falha, mas nem todos pensam dessa maneira. O meu marido é uma dessas pessoas; muito severo, muito conservador, jamais admitiria. Pensando assim, resolvemos não falar nada com ele.

Ano passado, no aniversário do meu filho, combinamos um jantar aqui em casa. Meu marido saiu para comprar um presente, e na volta resolveu passar na casa do meu filho para vir junto com ele. Sempre tivemos as chaves da casa um do outro. Meu marido foi entrando no apartamento do meu filho como sempre fazia e para o seu desespero, soube da pior maneira possível que o nosso filho era homossexual: ele estava tomando banho com o namorado. Heleno, meu marido passou mal, foi levado ao hospital, lá ficou internado e foi constatado um enfarte. Enquanto dias que ele ficou hospitalizado, não quis receber ninguém. Quando teve alta, voltou para nossa casa, mas não fala comigo além do essencial. Nosso filho sempre nos ajudou e não merece isso. Se não fosse por ele, não teríamos dinheiro suficiente para nos sustentarmos, meu marido nem seria atendido tão bem num hospital, não fosse o plano que o nosso filho paga. Sem contar o amor que ele nos dá, que sem dúvida é o mais importante.

Heleno, devido à situação ficar insustentável, meu filho quer que eu vá morar com ele, mas não posso deixar o meu marido, somos companheiros de uma vida inteira. Ultimamente tenho visitado meu filho escondido, pois não posso recebê-lo aqui em casa. Quando preciso falar com ele, tenho que usar um celular que ele me deu escondido; meu marido está exagerando. Ando muito triste com toda essa situação, também não sei o que fazer.

Heleno, como preciso de uma Palavra Amiga. Sinto-me muito sozinha, mas tenho esperanças de que os seus ouvintes participem e possam me aconselhar sobre o que fazer.

Um beijo e muito obrigada.

RESUMO: *Ester ameaçou largar o marido se ele continuar a se comportar dessa maneira com o filho. Aos poucos ele está aceitando a opção sexual do rapaz. Já não implica mais com as visitas que Ester faz a ele. Ela está quase o convencendo a ver o filho novamente.*

35 DESCOBERTA DESASTROSA

Heleno, eu não gostaria que o meu nome verdadeiro fosse revelado, pode me chamar de Claudia.

Sou sua fã.

Heleno, sou casada há 14 anos, mãe de dois filhos, e estou passando por um problema que não consigo resolver.

Quando eu estava namorando o meu marido, fizemos um jantar para que os meus pais e os dele se conhecessem. Graças a Deus, tudo foi perfeito. Eles se deram tão bem que começaram a ter uma amizade muito bacana, saíam sempre juntos. Iam dançar, jantar, cinema, saíam mais até do que nós. Ficamos bem felizes, era um sinal de que o nosso casamento tinha tudo mesmo para dar certo.

Heleno, eu tenho uma amiga de infância, e desde cedo nós fizemos uma promessa: nunca esconder nada uma da outra. Quando eu via algum namorado dela com outra eu contava, e ela fazia o mesmo, sempre nos demos tão bem, que ela foi à madrinha do meu casamento e também é a madrinha de um dos meus filhos. Ela foi comemorar o aniversário de casamento dela num motel, e na saída viu meu pai entrando neste mesmo motel com a minha sogra. Eu fiquei morrendo de raiva. Minha mãe não merece isso, tampouco meu sogro. Heleno, eu comecei a seguir meu pai, e realmente era verdade, até achei que eles não faziam questão alguma de esconder, pois, por diversas vezes, eles estavam em locais públicos abraçados ou de mãos dadas, como se não estivessem fazendo nada de errado. Uma vez eu estava no shopping com a minha mãe, e quando passamos pela praça de alimentação, eles estavam lá, parecendo um casalzinho de namorados. Heleno, eu dei uma virada tão rápida na minha mãe, que quase a deixei cair, inventei que estava passando mal. Eles me viram e sumiram, quando olhei outra vez, não consegui mais achá-los.

De lá para cá, tenho evitado ao máximo ir à casa da minha mãe e à da minha sogra. Não contei nada pro meu marido. Talvez ele possa querer tirar satisfações com o meu pai, o que poderia abalar muito a família, e sinceramente, tenho medo do pior, pois me sentiria muito culpada. Por outro lado, não me conformo com tal situação. Isso tem me perturbado bastante, está mexendo até com o meu casamento. Às vezes sinto vontade de contar ao meu marido que eu acho a mãe dele uma safada, mas ele não vai entender nada. Heleno, tudo isso aconteceu há mais ou menos dois meses.

Final de ano, todos nós nos reuníamos, era uma festa linda, muito familiar, mas imagine agora, como será?

Estou muito zangada com a minha sogra, decepcionada com o meu pai, e não sei, não faço ideia de como agir. Como você e seus ouvintes já perceberam, preciso muito de uma Palavra Amiga.

RESUMO: *Claudia seguiu o que disseram os nossos ouvintes e falou com o marido. Eles juntaram os pais e revelaram o que estava acontecendo. Para espanto de todos a mãe da Claudia disse que sabia de tudo e que não se importava, pois ela vivia com o marido como irmãos já a bastante tempo. O pai do marido da Claudia ficou muito chateado com a situação e foi viver em outra cidade.*

36

TOMAR UMA DECISÃO NEM SEMPRE É FÁCIL

Boa tarde, Heleno. Aqui em casa, nós sempre ouvíamos muito o seu programa, e nunca pensei que um dia a minha vida viraria pelo avesso e eu fosse recorrer aos amigos ouvintes, na esperança de saber qual o caminho certo a seguir numa difícil decisão que a vida me impôs. Por não poder revelar o meu nome verdadeiro, gostaria de ser chamada de Mariana, esse nome seria a segunda opção de escolha da minha mãezinha.

Bom, tudo começou quando a minha mãe era muito jovem e caiu na cantada de um belo homem, a ele se entregou de corpo e alma. Só que o homem em questão era muito mulherengo e conquistador. Minha mãe sofreu bastante, principalmente quando soube que estava grávida. O pai da criança não queria de jeito nenhum a responsabilidade, mas ficou acertado que pelo menos o nome ele daria a esse filho. E assim foi feito, o menino nasceu e ele registrou como seu filho. Depois desapareceu. Meu avô não perdoou a minha mãe por essa vergonha que ela causou à família. Deu o filho dela para uma família e pediu que ela deixasse a casa dele e não voltasse nunca mais. Minha mãe sofreu muito e aprendeu da pior maneira que não se deve confiar em qualquer um. Minha avó, escondida do meu avô, deu um pouco de dinheiro para minha mãe ir embora. Minha mãe comprou uma passagem para o Rio de Janeiro e quando aqui chegou não tinha para onde ir e ficou vagando pelas ruas. Com o pouco dinheiro que ainda restava ela pagou uma noite numa pensão. Os donos dessa pensão ficaram com pena da minha mãe e ofereceram um quartinho, comida e um salário bem baixinho para que ela trabalhasse lá. E assim foi. Depois de algumas semanas ela conheceu um homem que se apaixonou por ela. Eles se casaram e eu nasci. Meu pai tinha uma saúde bem frágil, não resistiu a uma doença e nos deixou, mas pelo menos restou para minha mãe uma pensão mensal, uma casa própria e uma filha para criar. Minha mãe sempre trabalhou muito para que nada faltasse na minha educação. Eu cresci e me formei. Minha mãe começou a promover festas para várias ocasiões e isso rendia um bom dinheiro, além de trabalhar ela se divertia muito.

Lembro-me como se fosse hoje, eu estava de férias e fui ajudar a minha mãe a organizar uma dessas festas. A pessoa encarregada em fritar os salgadinhos estava bem atrasada e minha mãe foi para cozinha e lá ficou um bom tempo. Eu ajudava também. Depois de algumas horas minha mãe foi chamada pela dona da festa para ir ao salão e convidada a participar, muito sem graça acabou ficando. Eu comecei a reparar que um rapaz não tirava os olhos da minha mãe, inclusive ele a convidou para dançar, mas ela não aceitou. Eu decidi dar uma de cupido e juntei os dois. Eles se divertiram muito.

No dia seguinte ele enviou flores para minha mãe. Ele ligava todos os dias, toda hora. Percebi que a minha mãe estava muito feliz, mas tinha medo pela diferença de idade, que era de mais de 20 anos. Mas, quando o amor fala mais alto, não existem barreiras.

Minha mãe assumiu esse romance e eu convivi com essa felicidade dos dois, era contagiante. Eles falavam até em casamento. Eu achava muito interessante ter um padrasto pouco mais velho que eu. Valia tudo pela felicidade desse casal.

Desde o começo o destino foi cruel e quando se revelou, foi pior ainda. Minha mãe estava em casa o namorado dela chegou e eles estavam planejando uma festinha para comemorar os seis meses de relacionamento. Como estava muito calor ele foi tomar um banho e a minha mãe escreveu uma linda mensagem e foi colocar na carteira dele para fazer uma surpresa. Quando ela abriu a carteira sem qualquer motivo pegou a identidade dele e constatou o que nunca passou pela sua cabeça, na filiação o nome do pai era daquele mesmo homem que a encantou e prometeu amor eterno.

Minha mãe pediu que o namorado fosse embora que ela precisava ficar um pouco sozinha, ele sem entender nada, acabou saindo. Minha mãe me ligou imediatamente e pediu que eu fosse para casa naquele momento. Cheguei o mais rápido que pude e fiquei pasma com a descoberta da minha mãe. Não sabia o que dizer, nem o que fazer. Naquela hora não existia nada que pudesse ser dito. Minha mãe mergulhou numa depressão profunda, ficou dias trancada no quarto, não falava com ninguém. O namorado dela, sem nada entender, ficava me perguntando o que estava acontecendo. Eu tentava amenizar as coisas dizendo que a minha mãe estava passando por uma fase meio difícil, que tudo voltaria ao normal, e pedi que ele desse um tempo para ela.

Depois de algumas semanas, minha mãe pareceu melhorar um pouco, e foi aí que voltei ao trabalho. Eu ligava várias vezes ao dia para ela, e tinha a impressão de que as coisas estavam caminhando. De repente um dia no trabalho me deu uma vontade louca de falar com a minha mãe, liguei diversas vezes e ela não atendia, fiquei em pânico e corri para casa. Lá chegando, presenciei uma cena horrível, nunca imaginei viver isso na minha vida. Minha mãe havia tirado a própria vida. Ela não aguentou o peso de viver sabendo que se deitou com o próprio filho, aquilo foi demais para ela. Naquele instante, eu tive a impressão de que o mundo tinha se acabado, foi uma sensação de dor, de tristeza, de falta, de tudo ruim. Para piorar ainda mais o namorado dela, que na verdade era o seu filho, chegou e ficou desesperado querendo saber qual o motivo que a levou a tirar a própria vida. O que ele tinha feito de errado? A culpa era dele? Eu só consegui responder que não sabia de nada.

Nesses dias difíceis, eu ainda não sei o que fazer. Tenho medo de revelar toda a verdade a esse rapaz que é o meu meio-irmão. Eu não sei se ele vai suportar, tenho medo que ele também queira tirar a própria vida. E eu me sentiria muito culpada, já me sinto pelo fato de ter dado a maior força para a minha mãe nesse relacionamento.

Sem saber o que fazer. Eu preciso muito de uma Palavra Amiga.

RESUMO: *Essa Palavra Amiga, devido a gravidade do caso, foi feita em duas partes. No primeiro dia somente foi lida, pois acreditávamos que os ouvintes tinham quer ter algum tempo para pensar numa solução para este caso. No dia seguinte fizemos um resumo da história e colocamos alguns ouvintes no ar. Mariana ouviu os conselhos, decidiu pedir transferência do trabalho e foi viver no Sul. Não teve mais contato com o meio-irmão.*

37 UM PASSO ERRADO, UMA VIDA TRANSFORMADA

Boa tarde, Heleno. Desde que cheguei ao Rio de Janeiro, escolhi a Rádio Tupi e o seu programa como meus companheiros do dia a dia. Gostaria de ser chamada de Marion.

Após alguns anos de casamento, meu marido foi transferido para a Cidade Maravilhosa, e como sempre, nossos dois filhos e eu viemos junto. Vida de militar é mesmo complicada. Já perdi a conta de quantas vezes nos mudamos. Mas eu sabia que isso aconteceria sempre. Só que dessa vez eu cometi um erro gravíssimo, coloquei tudo em risco. Sem saber o que fazer, pensei em escrever. A família Tupi vai me condenar, mas eu também preciso passar por isso. Ajudem-me, por favor!

Meu marido sempre foi um homem digno, honesto, trabalhador e um bom pai. Mas, acho que pelo fato de nunca estarmos satisfeitos com a vida que temos, sentimos necessidade de fazer coisas diferentes. Pois foi aí que fiz uma grande besteira.

Devido a essa mudanças constantes eu não trabalhava fora, ficava em casa, cuidava dos filhos e muitas vezes me ocupava dando aulas de Alemão para crianças.

Depois que viemos para o Rio de Janeiro, nosso casamento deu uma esfriada. Eu tentava conversar, me aproximar, mas meu marido estava passando por uma crise e queria ficar sozinho. Ele foi para o quartel e passou uma semana por lá, nem vinha casa. Só ligava algumas vezes, para saber se estava tudo bem. Eu não conhecia muita gente e me sentia bastante sozinha.

Até que um dia, ao voltar para casa, ele trouxe um amigo de farda para jantar conosco e ficamos quase a noite toda conversando. Esse amigo era de outro estado, e, assim como nós, viera transferido, com uma pequena diferença: ele não tinha família. Meu marido sugeriu que ele ficasse na nossa casa, assim faríamos companhia um para o outro. Como ele queria muito aprender Alemão, prontifiquei-me a ensinar.

Ele era ótimo, até me ajudava nas minhas tarefas e praticamente consertou tudo que apresentava defeito na nossa casa. Meu marido entrava e saía de crises, e com isso passava dias no quartel isolado. Sugeri que ele procurasse um profissional para ajudá-lo, mas ele não gostava de admitir que estava com problemas. Isso foi me cansando, irritando. Quando eu mais precisava dele, tinha que resolver tudo sozinha. E se eu tomasse alguma atitude errada, ele ainda se achava no direito de questionar minhas decisões.

Esse amigo percebia que a nossa convivência deixava a desejar e tentava ajudar, e acabou se tornando a pessoa que escutava todas as minhas lamentações.

Com mais uma crise do meu marido, afastado de casa, durante uma aula de Alemão, acabou acontecendo um beijo. Eu levantei na hora e pedi que ele se retirasse da minha casa, pois isso não estava nos meus planos, achei que ele estava se aproveitando do momento pelo qual eu passava. Ele voltou para o quartel. Fiquei alguns dias sozinha e senti falta dele no dia a dia. Numa hora que faltou clareza nos meus pensamentos e muito juízo, acabei ligando e pedindo a ele que viesse aqui em casa. Num momento de pura bobeira, acabamos na cama. Depois vieram os arrependimentos.

O que aconteceu não tinha nada a ver, serviu apenas para que eu tivesse a certeza de que, apesar de tudo, amava meu marido e minha família. Não quis mais levar isso adiante e pedi a ele que inventasse qualquer desculpa e não voltasse mais para a minha casa.

Assim, passaram-se os meses passando e comecei a passar mal quase que diariamente. Fui ao médico, e após alguns exames, descobri que estava grávida, já com três a quatro meses de gestação. Como a minha menstruação era muito irregular, isso tudo atrapalhou bastante e eu só começara a apresentar alguns sintomas há pouco. Um aborto estava fora de cogitação – não sou a favor, e além disso, minha gravidez estava com quase quatro meses. Outro problema é que o meu marido tinha feito vasectomia. Para piorar, meu maridos, nossos filhos e eu somos loiros com olhos azuis, descendentes de alemães, e esse amante é negro.

Meu marido acabou descobrindo a gravidez e acha que a vasectomia deu errado. Está muito feliz com a minha gravidez, as crises que ele tinha nem existem mais.

Tenho noção da besteira que fiz, não existe perdão. Mas estou prestes a perder muito com esse passo infeliz que dei na vida. Não sei mesmo o que fazer. Não conversei com ninguém sobre esse assunto. Gostaria de pedir desculpas a todos da família Tupi e que me ajudassem e orientassem sobre o que devo fazer.

RESUMO: *Marion ouviu atentamente as broncas e os conselhos dos amigos ouvintes e até ficou com o telefone de alguns deles. Depois de tudo que aconteceu ela conversou com o marido e disse toda a verdade. O marido ficou revoltado, foi embora e são raras as vezes que ele visita os dois filhos.*

O ex-amante da Marion soube da gravidez e pediu transferência para outro estado. Hoje, Marion vive sozinha com os três filhos e muita culpa ainda no coração.

Adoro o seu programa. É muito bom ouvi-lo diariamente. Não perco um dia do *Show do Heleno Rotay*. Prefiro meu nome de batismo: Maria Antônia.

Certas coisas que passamos na vida nos fazem sentir na própria pele a dor provocada por quem tanto amamos. Fatos que nos marcam profundamente, por uma vida inteira. Tenho 40 anos, sou cozinheira e tenho apenas uma filha. Criei essa menina sozinha. Meu ex-marido era alcoólatra e acabou morrendo de tanto beber. Na época minha filha tinha apenas dois aninhos, e acredito que ela não se lembra das surras que eu levava dele e de todas as coisas que ele quebrava dentro de casa quando chegava bêbado. Depois da morte do meu ex-marido, fui trabalhar para criar minha filha e sustentar a casa. Tudo era muito difícil, meu ex-marido só me deixou dívidas. Criar minha filha, uma menina que só gosta de coisas caras, de marca, não foi fácil. Se se eu comprava algo que não tinha uma boa etiqueta, ela fazia cara feia e não usava mesmo.

Atualmente ela estuda e frequenta um curso de Inglês. Acabou conhecendo um rapaz de boa família e se diz apaixonada por ele. Outro dia eu disse que gostaria muito de conhecer esse moço, mas minha filha me falou que jamais iria trazer o namorado nessa pocilga; ela odeia nossa casa e o lugar onde moramos. O pior mesmo foi descobri que a ela, a quem tanto amo, para quem nunca deixei faltar nada dentro das minhas possibilidades, por quem dei tudo de mim para que ela fosse um ser humano melhor, tem tanta vergonha de mim. Percebi isso no dia que o namorado dela ligou para a nossa casa e eu gentilmente o convidei para vir aqui. Ele muito simpático e educado, aceitou, mas minha filha teve um ataque de raiva e inventou para o namorado que a nossa casa estava em obras. Proibiu-me de atender o telefone em casa, e disse que se por acaso eu falasse com ele não era para dizer que sou cozinheira, pois ela tinha dito a ele que eu era advogada.

Fiquei bastante decepcionada, não achei que a minha profissão fosse motivo para tanta vergonha. Eu só tenho essa filha, não tenho família. Não sei aonde errei. Não sei o que fazer, a tristeza tomou conta dos meus dias e noites. Quando olho para minha filha, não consigo ver nada de mim nela. Vejo uma pessoa completamente diferente da educação que eu dei.

Queria muito uma Palavra Amiga, preciso dessa orientação.

RESUMO: *Maria Antônia decidiu conversar seriamente com a filha, e disse a ela que se ela tem tanta vergonha assim da mãe, pode procurar outro lugar para ir morar e ser feliz. A filha pediu desculpas pelas atitudes e disse que vai tentar melhorar.*

39 CARREIRA OU FAMÍLIA?

Boa tarde, Heleno. É muito bom saber que existe no rádio um quadro que pode ajudar as pessoas. Hoje eu preciso muito dessa ajuda, estou prestes a perder muitas coisas na minha vida. Necessito mesmo de uma Palavra Amiga.

Gostaria de ser chamado de João. Sou casado há pouco mais de três anos, somos pais de um casal de gêmeos. Minha esposa e eu nos casamos na correria, ela estava grávida e o meu salário era muito pouco para tantas despesas. A madrinha dela foi uma pessoa incrível nas nossas vidas, ela nos cedeu uma pequena casinha nos fundos do quintal onde morava e os parentes ajudaram a mobiliar a nossa casa. Minha esposa estava tendo dificuldade em arrumar emprego e, estando grávida, tudo era ainda mais difícil. Além do meu trabalho fixo, eu fazia muitos biscates por fora, e assim fizemos o enxoval dos nossos filhos. Mesmo assim, a despesa ainda era alta, minha esposa teve uma gravidez difícil e isso implicava em muitos remédios, uma alimentação boa e bastante repouso. Graças a Deus, meus filhos nasceram no tempo normal de uma gravidez de gêmeos e o mais importante, saudáveis.

Acabei perdendo o emprego. A firma em que eu trabalhava faliu e não recebi o que tinha de direito. Foi complicado não ter o que levar para casa. Sentia-me muito mal com essa situação. O que salvava mesmo eram os biscates.

Eu acordava bem cedo e fazia de tudo para não deixar faltar nada. Minha esposa uma pessoa maravilhosa, usava fraldas de pano e lavava, pois as descartáveis nós não conseguíamos comprar; como ela não tinha leite, resolvemos comprar o leite e economizar nas fraldas. E assim fomos levando a vida.

De uma hora para outra, porém, a madrinha da minha esposa ficou muito doente, e pouco tempo depois morreu. Os filhos dela me pediram que desocupasse a casa o mais rápido possível, pois precisavam vender o imóvel para pagar algumas dívidas. Pedi um prazo a eles, mas não sabia o que fazer, não tínhamos para onde ir. Meus pais não são daqui. A minha sogra vive de favor na casa de uma sobrinha.

Na semana passada, porém, acho que vi uma luz no final do túnel. Fui fazer um biscate numa produtora, e lá chegando, um cara se aproximou e disse que eu levava jeito para fazer filme pornô, e perguntou se eu estaria disposto a fazer um teste. Só para o teste o dinheiro já era o biscate de toda a semana. Eu fiz e passei, e com o que vou ganhar com o primeiro filme, se eu aceitar essa proposta, já poderei dar entrada numa casa para minha família e dar uma condição de vida muito melhor para eles.

Minha esposa disse que prefere viver nas ruas com os nossos filhos a deixar eu me expor a essa vida. Eu já penso ao contrário. Gostaria muito de dar à minha família o lar que tanto merecem. Afinal, de contas, eu estou encarando isso como um trabalho. Minha esposa disse que vai me largar se eu concordar e assinar esse contrato. Heleno, o dono da produtora me disse que já tem em mãos três roteiros de filmes para eu fazer. Seria um bom dinheiro nas nossas vidas. Até porque nós não temos para onde ir.

Eu preciso muito de uma Palavra Amiga.

RESUMO: *Contrariando a esposa, João assinou o contrato e fez os filmes. Comprou uma casa, acomodou a família no imóvel e acabou se separando da esposa. João não faz mais filmes adultos. Atualmente, está empregado e visita os filhos regularmente.*

40 UMA GRANDE AMIZADE

Sou seu ouvinte há muitos anos. Parabéns, seu programa é nota mil!!

Meu nome é Carlos, estou com um problema, um verdadeiro dilema, por isso peço ajuda aos amigos ouvintes que acompanham o Palavra Amiga.

Tenho 39 anos e já fui casado. Minha esposa faleceu quando foi dar à luz nosso filho, devido a diversas complicações no parto. Infelizmente os médicos não puderam salvá-la. Meu filho só teve alguns minutos de vida. Eu demorei muito para me recuperar, foram meses de muita tristeza e solidão. Minha família me visitava sempre, mas eu queria muito mesmo era estar com a minha esposa e meu filho. Naquela época pensei até em me matar para ficar junto deles, mas tive uma família e bons amigos presentes que me arrancaram essa ideia da cabeça. Mas, não foi fácil. Hoje ainda imagino como seria a minha vida, o que seria diferente... Talvez eu fosse um bom pai. Mas no fim, acabamos aceitando. Afinal, a saudade não acaba, mas outros sentimentos invadem a nossa vida e vamos seguindo em frente.

Naquele tempo de desespero um amigo se destacou. Ele vinha todos os dias na minha casa, trazia livros, conversava, ficava aqui por dias me dando a maior força para que eu conseguisse levar a minha vida, ou o que sobrou dela, adiante. E ele foi muito importante mesmo. Depois de alguns anos, esse amigo passou por algumas dificuldades na vida, eu fiquei sabendo e, prontamente, fui procurá-lo, e claro, o convidei para ficar morando aqui em casa. Consegui também recolocá-lo no mercado de trabalho. Mas pedi a ele que ficasse mesmo aqui em casa, pois me sentia muito só e ele é um grande amigo.

Há uns três meses ele me apresentou a sua namorada. Fiquei impressionado com a beleza dela, e confesso que não consigo parar de pensar nela. Ela vem algumas vezes aqui em casa e fica com ele, e eu até saio para não dar a impressão que estou muito atraído por ela. Justo eu, que pensava que nuca mais sentiria algo assim, fui pego de surpresa.

Há uns 15 dias, ela bateu à minha porta perguntando se poderia esperar o namorado. Eu a fiz entrar e servi um café, ficamos conversando e pude perceber nossas afinidades. Gostamos das mesmas coisas, pensamos da mesma maneira. Isso me assusta. Não quero perder meu grande amigo, mas sinto que ela também corresponde aos meus olhares. Eu acho que esse sentimento que brotou em mim é compartilhado por ela também.

Quando estamos sozinhos aqui em casa, ela deixa escapar, por gestos e palavras, que corresponde sim aos meus sentimentos. E espera uma atitude minha. Já tentei disfarçar, me afastar, esquecer. Mas só penso nessa mulher o tempo todo. Meu amigo não desconfia de nada, mas sei que para ele seria a maior decepção. Por isso escrevi para vocês. Talvez uma opinião possa mudar muita coisa na minha vida.

RESUMO: *Carlos pensou bastante depois do que disseram os ouvintes e decidiu guardar esse sentimento com ele. Chegou à conclusão que não pode perder a amizade de alguém que foi tão importante na vida dele, principalmente quando ele mais precisou. Sabe que vai ser difícil, mas está acostumado com desafios na vida.*

41 CONVIVÊNCIA DIFÍCIL

Heleno, boa tarde! Seja muito bem-vindo à minha casa todas as tardes. Eu gostaria de ser chamada de Adriana. Heleno, eu tenho 35 anos, sou casada, mãe de dois filhos e meu marido é um homem muito especial, do tipo que toda mulher sonha em ter por toda a vida. Mas a vida não é apenas flores, sempre há alguma coisa para atrapalhar, e comigo não foi diferente. Venho vivendo um drama, uma situação que pode por um ponto final no meu casamento.

Tudo começou com o falecimento de minha sogra, Foi algo quando a minha sogra veio a falecer, foi tudo muito inesperado, ela passou mal e morreu. Fui com meu marido à casa dela e lá encontrei meu sogro arrasado, em frangalhos. Na hora percebemos, meu marido e eu, que ele não poderia ficar sozinho e decidimos levá-lo para a nossa casa.

No começo estava tudo tranquilo, mas de algumas semanas para cá eu venho presenciando um comportamento meio estranho do meu sogro. Tudo aqui em casa tem que ser do jeito que ele quer, até o almoço ele quer decidir, tirou toda a minha liberdade dentro da minha própria casa. Ele manda e desmanda.

Já conversei com o meu marido e ele propôs ao irmão ficar com o pai deles. O meu cunhado veio aqui em casa e viu o comportamento dele e na mesma hora disse que não pode ajudar, tirou o corpo fora. Falou para o meu marido fazer o que achar melhor.

Está tudo muito difícil aqui, meu sogro briga o tempo todo comigo, com os netos, e quando o meu marido chega do trabalho cansado ele enche o filho de reclamações. Meu marido não tem coragem de colocá-lo numa casa de repouso, por melhor que ela seja. Ele sugeriu que fôssemos aguentando, afinal, é o pai dele.

Heleno, eu aturo o meu sogro o dia inteiro. Eu trabalho em casa e já não consigo mais ter tranquilidade para fazer o meu trabalho de tanto que ele me perturba. Para ser muito sincera, o meu sogro está me enlouquecendo. Eu acho que é muito fácil para o meu marido ficar apenas algumas horinhas com ele. Não sou a favor de ele parar num asilo, mas também não quero ir para um hospício.

Preciso muito ouvir, no seu programa, uma Palavra Amiga.

RESUMO: *O marido da Adriana conversou longamente com o irmão e combinaram que iriam dividir a responsabilidade de cuidar do pai. Ficou assim: uma semana ele passa na casa de um filho e outra semana na casa do outro filho. Foi a melhor solução que encontraram, sugerida por um ouvinte do Palavra Amiga.*

42 FILHOS DECIDINDO A VIDA DOS PAIS

Heleno, que Deus continue abençoando você e toda a sua equipe de trabalho.

Gostaria de ser chamada apenas de Eliana. Tenho 54 anos e dois filhos. Eu tenho que tomar uma decisão, mas seja ela qual for, minha vida mudará bastante. Já perdi muitas noites de sono, e não consigo chegar a uma conclusão. Sei que a família Tupi pode me ajudar neste momento tão delicado que ando passando na minha vida.

Meu casamento completou 30 anos de união e era feito de muito amor, amizade e harmonia. Digo era, pois era mesmo, tudo desmoronou. Nunca trabalhei fora, meu marido era contra, dizia que o que ele ganhava dava para nos sustentar muito bem e não queria gente estranha cuidando da nossa casa e dos nossos filhos. Como eu era muito nova, acabei concordando e nem concluí os meus estudos, dediquei-me somente à casa e à família todos esses anos. O que aconteceu semanas atrás, porém, fez com que eu pensasse que tudo poderia ser diferente hoje se eu tivesse estudado, tivesse uma profissão. Mas preferi acreditar em alguém que me garantiu uma vida tranquila e sem preocupações.

Naquele dia triste eu acordei com uma sensação de desconforto, parecia até que eu estava prevendo que algo ruim iria acontecer. Quando o telefone tocou, meu coração disparou e do outro lado da linha uma pessoa disse que eu me encaminhasse para o hospital, pois um dos meus filhos havia sofrido um grave acidente. Não pensei duas vezes, corri para o hospital, e lá chegando, deparei-me com o meu marido. Desabei. Reparei que ele estava muito nervoso e pensei que era muito pior do que eu pensava. Desesperada, perguntei o que havia acontecido, mas meu marido não respondia. O médico se aproximou de nós e disse que Daniel precisava de uma cirurgia de emergência. "Quem é Daniel?", perguntei. Uma mulher que estava próxima disse que era o seu filho com o meu marido e que eles tinham outros dois filhos.

Fiquei em choque. Imediatamente, saí do hospital, fui para casa e pensei no que fazer. Meus filhos vieram logo em seguida e me disseram que já sabiam da existência desses outros irmãos e que até se davam muito bem. Me disseram para eu não esquentar, que está tudo certo. Meu marido, quando chegou em casa, não quis conversar sobre o assunto. Disse apenas que não estava preparado para ter essa conversa comigo.

Estou arrasada, decepcionada, e os meus filhos esqueceram de que tenho sentimentos, esqueceram o significado da palavra traição. Quero que o meu marido vá embora da minha casa. Meus filhos não concordam, dizem que se o pai sair por uma porta eles vão junto.

Acho que meus filhos enlouqueceram se pensam que eu vou aceitar essa situação ridícula. Eu ainda não sei bem o que fazer. Mas, neste momento, preciso muito de uma Palavra Amiga.

RESUMO: *Eliana colocou ordem em casa, decidiu colocar "cada macaco no seu galho". Disse ao marido que ele tem que sair imediatamente de casa. Embora não tenha estudo nem profissão, ela vai se virar sozinha. Para os filhos, disse que podem ir com o pai se preferirem, pois a partir de agora, quem mandará na vida dela sera ela mesma.*

43 MÃE ABANDONA OS FILHOS E SE ARREPENDE

Olá, Heleno. Adoro o seu programa. Me identifico muito com algumas situações contadas no Palavra Amiga, e alguns de meus vizinhos já passaram pelos mesmos problemas. Eu e meus irmãos não sabemos o que decidir nesta hora de tantas dúvidas em nossas vidas. Por isso, fiquei com a missão de escrever e ouvir o que os amigos ouvintes tem a nos dizer. Quem sabe assim poderemos tomar uma decisão correta.

Pode me chamar de Denise. Tenho 30 anos e sou a mais velha de três irmãos. Meu irmão do meio tem 27 anos e a caçula 25 anos.

A convivência dos meus pais era a pior possível. Meu pai era um homem muito trabalhador e correto. Já a minha mãe acordava pela manhã e só voltava para casa à noite. Ninguém sabia para onde ela ia, tampouco o que fazia no tempo que passava nas ruas. Meu pai chegava em casa e ainda tinha que fazer comida, cuidar da casa e da roupa. À medida que fomos crescendo, já fazíamos todas essas tarefas. Certo dia meu pai foi trabalhar e não voltou para casa. Uns dois dias depois um policial apareceu e disse para a minha mãe que nosso pai fora atropelado e morrera no local. Minha mãe nem ligou. Depois de uma semana ela arrumou as nossas coisas, deixou-nos na casa da irmã do meu pai e sumiu no mundo. Nossa tia era uma pessoa sozinha, não tinha marido nem filhos. Muito bondosa, lutou com sacrifício para nos manter. E apesar da nossa pouca idade, entendíamos a situação. Começamos a trabalhar bem cedo para ajudar a titia. Graças a Deus, conseguimos estudar, conquistar bons empregos, e conseguimos reformar a casa da nossa tia, dar uma vida melhor a essa guerreira incansável.

Hoje em dia estamos todos casados, mas não abrimos mão de morar próximos a ela. Compramos um terreno bem grande do lado da casa da nossa tia, construímos ali nossas casinhas e vivemos muito bem. Ninguém aqui é revoltado, somos muito unidos e agradecidos a Deus por presentear a nossa vida com essa mulher especial, que dentro das suas possibilidades nos proporcionou uma vida muito feliz e decente.

O nosso sossego acabou quando uma assistente social bateu à porta da casa de nossa tia e fez uma revelação desagradável. Disse que a nossa mãe está presa há alguns anos, cúmplice de um assalto que resultou em morte, e tem pedido insistentemente para que nós, seus filhos, a visitemos no presídio.

Isso já aconteceu há um mês e até o dia de hoje nós não sabemos se vamos ou não visitá-la. Temos péssimas recordações dela, afinal de contas, ela foi uma mãe horrorosa. Pelo fato de a minha irmã mais nova puxar de uma das pernas ela gritava para todos na rua que ela viera com defeito. Minha irmã chorava muito de vergonha. Depois de alguns anos nossa tia conseguiu uma cirurgia de correção e minha irmã sorriu outra vez. Minha irmã é perfeita, mas sempre foi.

Eu não tenho dúvidas: não quero ver essa mulher. Mas minha tia, que tem um coração enorme, acha que devemos visitá-la, e tentar esquecer velhas mágoas.

Gostaria de atender a todos os pedidos desse ser que tanto amo, minha tia, mas essa decisão anda tirando o meu sossego e de meus irmãos.

O que os amigos da família Tupi acham que devo fazer? Preciso de vocês, preciso de uma Palavra Amiga.

RESUMO: *Denise ouviu atentamente os amigos ouvintes do Palavra Amiga e decidiu, junto com os irmãos e a tia, não visitar a mãe no presídio. A tia entendeu e respeita a decisão dos sobrinhos.*

Boa tarde, Heleno, e todos da família Tupi. Peço que me chame de Nair. Tenho 30 anos, sou separada e tenho um filho. Dizem que quando deixamos a razão falar, decidir tudo é bem mais fácil, mas quando colocamos o coração na frente, é besteira na certa. Hoje tudo na minha vida foi resolvido e esclarecido, mas ainda tenho que tomar uma decisão e por mais que eu pese essa escolha, sei que vou perder algo muito importante.

Quero muito ouvir uma Palavra Amiga no programa, e com isso ter a ajuda de que preciso.

Casei-me muito nova, com apenas 16 anos de idade, muito apaixonada e sentindo-me a pessoa mais feliz do mundo. Meu marido tinha 25 anos e eu tenho certeza que me amava bastante. A família dele, em especial minha sogra, não gostava nem um pouco dessa união. Ela me detestava. Ele era o filho que ela mais amava e tinha muito ciúmes dele. E não mediu esforços para que a nossa separação fosse inevitável. Nem no nosso casamento ela foi. E depois de algum tempo, ela inventou que eu tinha um amante. A coisa foi tão bem armada que ela fez a família inteira acreditar nesse absurdo. Quando estávamos em casa ela pedia para um homem ligar, e quando o meu marido atendia ele pedia para falar comigo. Ela aprontava todas e aí começávamos a brigar. Naquele momento eu não queria ter filhos. Os meus estudos estavam em primeiro lugar. Formei-me e trabalhava bastante. E decidimos que era hora de começar a pensar em ter uma família. E depois de todos aqueles anos, suportando todas essas armações, acabei engravidando. Numa dessas brigas, meu marido foi embora para a casa dela, a mãe, deixando-me com o nosso filho recém-nascido. Não satisfeita colocava a paternidade do meu filho em questão. Fiquei furiosa. Isso foi a gota d'água. Passei meses terríveis sozinha com o meu filho. Minha família sempre me apoiou e me ajudou. Fiz o teste de DNA, e quando o resultado saiu, fiz questão de esfregar na cara dela para que o meu filho não fosse mais apontado nas ruas como filho de uma vadia.

Há um mês, minha cunhada contou toda a verdade para o meu ex-marido, dizendo das safadezas e armações da mãe deles, foi pura maldade. Ela ainda confessou que ajudou a mãe a bolar todas essas ideias para nos separar.

Quando nós brigávamos eu dizia que ele era o grande amor da minha vida, que eu jamais o trairia, mas ele nunca acreditou em mim. Quando me deixou, tratou de arrumar logo uma namorada e passar com ela na minha cara.

Desde que ele soube da verdade, diariamente está aqui na minha porta, na minha casa e já me pediu perdão inúmeras vezes por tudo que fez a mim e ao nosso filho. Só que ele esqueceu de toda a humilhação que eu sofri junto com o meu filho, não consigo esquecer. Sinceramente, ainda amo esse homem, mas quando lembro de tudo que passei... Picharam o muro da minha casa com nomes horríveis, foi terrível. Eu sei que a mãe dele vai ficar quietinha por enquanto, mas sempre que puder vai aprontar. É uma questão de honra e tempo ela nos separar definitivamente. E eu não quero viver isso outra vez. Minha família é contra eu voltar a viver com ele, mas diz que a decisão é minha. Eu sei que vou magoar muita gente se insistir nesse relacionamento, mas o que eu faço com esse amor?

Uma decisão bem difícil, uma escolha complicada, uma situação delicada. Escrevo, pois preciso saber o que a família Tupi me aconselha.

RESUMO: *Nair pensou bem e decidiu continuar levando a vida do jeitinho que está. Ela trabalha e cuida do filho. A verdade já foi revelada, o que, na opinião dela, era o mais importante. Vida que segue. Talvez um dia ela mude de ideia. Por enquanto, não!*

45 TRAIU A PRÓPRIA IRMÃ

Heleno, boa tarde. Desejo uma excelente tarde para todos os ouvintes da família Tupi. Como não posso revelar o meu nome, chame-me apenas de Cíntia.

Há muitos anos vim com minhas três irmãs para o Rio de Janeiro, em busca do sonho de uma vida melhor, trazendo apenas a cara e a coragem. Para quem vem de longe sem ter família aqui, tudo é muito mais difícil, mas lá no Norte a coisa é bem pior. Falta tudo. Tão logo chegamos, ficamos provisoriamente num quartinho. Batíamos insistentemente de porta em porta até conseguirmos trabalho, temendo a hora em que nosso pouco dinheiro acabaria.

Depois de alguns anos, minhas duas irmãs se casaram e uma delas ficou morando com o marido numa casa que eu tinha alugado. Fiz boas amizades aqui, e eles sempre me encarnavam, pois minhas duas irmãs, que têm 21 e 22 anos, já estão casadas, e os amigos perguntavam quando seria a minha vez, pois se eu passasse dos 26 anos solteira, eles iriam considerar que eu ficara para titia.

No começo tudo era perfeito. Minha irmã continuou trabalhando, mas meu cunhado há três meses precisou se submeter a uma cirurgia. Como eu estava de férias, ofereci-me para cuidar dele. Assim fiz, e nesse tempo pude conhecer melhor o marido da minha irmã, pois conversávamos bastante. Ele se recuperou, eu voltei ao trabalho e percebi que ele acabou despertando em mim um sentimento novo.

Muitas vezes eu estava na cozinha, já tarde da noite, ele chegava, fazia um café para nós dois e ficávamos horas conversando, por vezes até o amanhecer. O amor nasceu.

Dizem que quando estamos apaixonados não pensamos com clareza, e isso é verdade. Eu mesma alimentei esse sentimento dentro de mim, e para ser ainda mais sincera, nem pensei na minha irmã.

Certo dia, minha irmã precisou dobrar no serviço, e como estava chovendo muito, decidiu dormir por lá. Eu e meu cunhado fizemos o jantar, e depois de algumas taças de vinho nos entregamos um ao outro. Foi lindo. No dia seguinte, porém, uma luz acendeu dentro de mim, recuperei o juízo e fui embora. Aproveitei que aquele mesmo quartinho que eu tinha alugado assim que chegamos aqui no Rio de Janeiro estava vago e me mudei para lá. Comecei a me sentir a pior pessoa desse mundo. Minha irmã não merecia uma facada dessas. Quando decidi sair de casa, ela não entendeu a minha atitude, expliquei que precisa ficar um tempo sozinha.

Semanas mais tarde descobri que estava grávida e quase enlouqueci. Pensei em não contar nada a ninguém. Depois de uns dois meses, minha irmã bateu à minha porta desesperada, dizendo que o marido fora socorrido em estado gravíssimo para o hospital. Fomos para lá, mas já era tarde demais. Ele tinha um problema muito sério no coração e acabou não resistindo. Alguns dias mais tarde, minha irmã pediu que eu voltasse para a nossa casa, pois ela estava se sentindo muito sozinha e precisava da única família que tinha; estava sentindo muita dificuldade em se recuperar dessa perda. Falei para ela que estava grávida e ela ficou muito feliz. Mas para nossa outra irmã contei toda a verdade. Ela disse que o mais correto a fazer é contar toda a história, pois nossa irmã tem o direito de saber o que aconteceu. Afinal de contas, o marido era dela, e eu fui uma sacana. Antes de voltarmos a morar juntas, ela me disse que é fundamental que a nossa irmã saiba de toda a verdade.

Desse dia para cá, além de toda a culpa que toma conta de mim diariamente, tenho sentido muito medo. Eu me arrependi, peço diariamente perdão a Deus, mas não sei como contar isso para a minha irmã. Será que devo mesmo contar? Ela vai me odiar para o resto da vida. Não seria melhor eu ter o meu filho e não falar mais nesse assunto?

Sei bem o que fiz. Preciso muito ouvir uma Palavra Amiga.

RESUMO: *Cíntia acabou revelando à irmã o que aconteceu entre ela e o cunhado. Sua irmã disse que nunca mais quer vê-la, que ela foi falsa, cruel e que isso não é o papel de uma irmã. Ela lamentou que essa criança que vai nascer não seja fruto de amor e sim de uma grande traição. Cíntia se afastou e espera que um dia a irmã a perdoe.*

46 CONTAR OU NÃO?

A todos vocês da Super Rádio Tupi, desejo uma boa tarde, em especial para você, Heleno, de quem tanto gosto.

Prefiro ser chamada de Ruth.

Trabalho há mais de 15 anos numa confecção. Sou casada e tenho três filhos. Não tenho por hábito me meter na vida das pessoas, muito pelo contrário, vejo o que vejo e fico quieta. Mas algo que aconteceu há um mês anda me incomodando tanto que chegou ao ponto de atrapalhar a minha vida profissional e pessoal. Profissional porque tenho me distraído muito e feito besteiras nas peças de roupas da confecção; pessoal porque tenho discutido demais com o meu marido.

Ocorre o seguinte: ao lado da confecção que trabalho tem um outro comércio, onde houve uma tentativa de assalto que não deu certo. Devido à gritaria, fomos para a porta ver o que tinha acontecido. Percebi que os ladrões se atrapalharam, não levaram nada e acabaram fugindo. Mas reconheci um dos assaltantes: afilhado da minha grande amiga.

Com muito sacrifício ela banca toda a criação desse garoto. Paga escola, plano de saúde, compra roupas e sempre dá um dinheirinho para ele, como se fosse uma mesada. Tenho certeza que ela não faz ideia do que ele anda aprontando.

Uma dívida de gratidão muito grande me une a essa amiga. Ela foi e é uma pessoa muito importante na minha vida. Passei por momentos complicados, principalmente quando Deus levou minha mãe e, logo em seguida, um dos meus filhos. Ela foi uma super amiga. Consegui me recuperar graças ao apoio dela e à amizade que sempre nos manteve unidas. Hoje, sinto-me obrigada a contar o que vi para ela. Mas meu marido não pensa desse jeito. Acha que não posso e não tenho o direito de me meter nesse assunto. Que no futuro esse rapaz pode até ficar com raiva de mim e querer se vingar, fazendo alguma maldade conosco. Ele me fez prometer que eu ia esquecer esse assunto. Só que eu não prometi nada. Meu coração me pede para fazer o que acho certo. Penso que, se fosse com um dos meus filhos, eu gostaria de saber e tomaria uma providência.

Preciso de uma Palavra Amiga, preciso saber se esse é o caminho certo a seguir. Devo contar ou não?

RESUMO: *Ruth contou tudo o que viu para a amiga. Ela confrontou o afilhado, mas não disse quem lhe contou a verdade. Ele, o afilhado, contou que embarcou nisso por empolgação, que jamais pensara em se tornar um bandido. Pediu perdão à madrinha e disse que já se afastou das más companhias.*

47 UM VÍCIO QUE CUSTOU MUITO CARO

Heleno, você é o meu super companheiro de todas as tardes nesta vida. Seja muito bem-vindo diariamente à minha casa. Pode me chamar de Isaura.

Casei-me apaixonada, e dessa união resultaram quatro filhos. Precisei trabalhar fora, pois só o salário do meu marido não pagava todos as despesas da nossa casa. Nessa empresa, todas as sextas-feiras, tínhamos por hábito, depois do expediente, frequentar um barzinho. Meu marido sabia e não se incomodava. Aos poucos, comecei a ir nesse barzinho mais alguma vezes por semana. Por fim, estava indo todos os dias beber.

Após a escola, meu filhos ficavam com a minha sogra e o meu marido sempre ia buscá-los depois do trabalho. Quando chegava em casa, ele ainda adiantava o jantar. Só que a cada dia eu chegava mais tarde e cheirando a bebida. Meu marido conversava comigo e tentava abrir os meus olhos para o que estava acontecendo nas nossas vidas. Eu concordava com ele, mas no dia seguinte repetia os mesmos erros. O vício foi crescendo e eu já não esperava mais a hora da saída: no meio do expediente eu parava o meu trabalho e ia beber. Até que ficou muito evidente e aconteceu o esperado: fui demitida por justa causa. Passei a ficar em casa e cuidar dos meus filhos, mas a bebida não me saía da cabeça.

Muitas vezes, Heleno, deixei deixei os meus filhos, ainda crianças, sozinhos para ir beber. Minha sogra ficava furiosa, com toda a razão. Certa vez, mesmo com um de meus filhos muito doente, não consegui me controlar: deixei-o passando mal e saí para beber. E bebi tanto que fiquei caída na rua. Quando acordei, estava toda suja e corri para casa. Meu marido, já sem paciência, fez o que achou melhor e mais correto naquele dia: expulsou-me para fora da nossa casa. Fiquei muito triste e fui procurar ajuda.

Hoje, depois de três anos de tratamento, consegui largar definitivamente a bebida e voltei ao mercado de trabalho. Posso me considerar uma nova mulher.

Nas minhas folgas vejo os meus filhos de longe. Minha ex-sogra não permite que eu me aproxime deles, diz que sou uma péssima influência. Meu ex-marido sabe que consegui me recuperar, mas ainda acha que posso ter uma recaída, por isso não permite que eu conviva com nossos filhos.

Também tenho medo, e muitas vezes acho que eles estão certos. Já causei tanto mal a eles, fui uma péssima mãe e esposa. Mas sinto saudades e quero dizer que os amo, que nada neste mundo me afastará dos meus filhos. Não sei se devo insistir ou apenas acompanhar o crescimento deles de longe. Não posso decepcioná-los outra vez.

Preciso saber o que os amigos ouvintes do Palavra Amiga têm a me dizer.

RESUMO: *Isaura ouviu e entendeu tudo o que os ouvintes aconselharam. Ela procurou o ex-marido e a ex-sogra, e tiveram uma longa conversa. Vão fazer uma experiência e Isaura vai começar a visitar os filhos na presença da ex-sogra. Se não tiver nenhum problema, aos poucos ela poderá ficar com as crianças nos finais de semana.*

48

ATÉ AONDE VAI O AMOR DE UMA MÃE

Que Deus sempre permita que você, Heleno, continue nos proporcionando estas tardes inesquecíveis.

Gostaria que você me chamasse de Carol. Tenho 29 anos. Há nove anos vim com toda a minha família do Espírito Santo para o Rio de Janeiro. Uma das minhas irmãs tinha a saúde muito frágil e o médico sugeriu que ela só teria chances de viver normalmente se viesse para esta cidade. Minha família se resumia numa mãe dedicada, amável e muito carinhosa e mais duas irmãs cheias de sonhos. Mas a minha irmãzinha caçula não melhorou, os remédios não surtiram o efeito esperado, e víamos diariamente a vida indo embora do corpinho da minha irmã. Ela já estava bem fraca. Para minha mãe isso representava a morte em vida. Foi um momento extremamente árduo e fatigante nas nossas vidas. A doença venceu: minha irmã não resistiu, e minha mãe quase foi junto.

A vida precisava seguir. Tínhamos uma pequena economia e conseguimos dar entrada numa casinha bem simples, num bairro bem afastado. Minha outra irmã e eu começamos a trabalhar bastante para acabar de pagar a casa. Nossa mãe bordava e costurava para fora o dia todo. Acabamos de pagar a nossa casa e a vida pareceu respirar. As coisas começaram a melhorar. Nessa época conheci um homem que parecia ser uma boa pessoa. Namorando com ele perdi a minha virgindade e logo engravidei. Percebi que o meu namorado não tinha gostado muito dessa novidade, mas continuou com o nosso relacionamento. Nesse meio-tempo, minha irmã resolveu ir embora da casa da minha mãe, pois queria viver a própria vida.

Minha gravidez seguiu e nove meses depois dei à luz um lindo menino. Algumas semanas mais tarde comecei a notar que o meu filho era um pouco diferente das outras crianças. Numa consulta médica, descobrimos que tínhamos um filho especial, que sofria de diversas síndromes. A vida dele seria bem trabalhosa e com muitos gastos. Meu companheiro ouviu as explicações do médico, pediu licença para tomar um copo de água, saiu e desapareceu. Fiquei triste pela saúde do meu filho e decepcionada com o meu companheiro.

Resolvi superar todos os obstáculos para dar o melhor para meu filho. Conversei com a minha mãe, que disse que eu poderia contar com ela para tudo.

Arrumei mais dois empregos para poder dar conta. A alimentação do meu filho é especial, além das fraldas, dos remédios... com três empregos passei a confiar que o dinheiro seria suficiente. Mas saber que não falta nada para o meu filho é o que me dá ânimo para continuar sempre trabalhando e agradecendo a Deus pela saúde que tenho.

Em um dos meus empregos há um senhor de 55 anos que veio a saber sobre o meu drama por intermédio de uma empregada. Sensibilizado, ele me fez uma proposta: ele é sozinho na vida e tem uma situação muito confortável e sólida, e sempre sonhou em ter um filho com uma mulher correta, de boa índole; como não tem para quem deixar todos os bens que conquistou ao longo dos anos, ele acha que essa pessoa poderia ser eu. Disse-me que se eu engravidar dele, se casará comigo. Eu terei uma vida boa, minha mãe também e principalmente o meu filho que é o mais necessitado.

Fiquei de pensar e dar uma resposta para ele. Falei com a minha mãe e ela disse que respeitará o que eu decidir.

Não vejo dificuldade alguma em vir a gostar desse homem, afinal, ele é muito educado, simpático e muito agradável. Não seria sacrifício nenhum viver ao lado dele, ainda que no momento não o ame. Será que eu tenho o direito de tirar a oportunidade de dar uma boa vida para o meu filho, por causa de sentimentos? Estou com muitas dúvidas.

Escrevi porque preciso muito ouvir uma Palavra Amiga.

RESUMO: *Nossa amiga ouvinte Carol ouviu os conselhos dados no Palavra Amiga e decidiu aceitar a proposta de ter outro filho e se casar com uma pessoa de posses, que possa dar um bom futuro ao seu filho doente. Ela agradece e diz que os conselhos foram fundamentais para ela tomar essa decisão.*

Este livro foi impresso nas oficinas gráficas da Editora Vozes Ltda.,
Rua Frei Luís, 100 – Petrópolis, RJ.